Fokus Deutsch
INTERMEDIATE GERMAN
Workbook and Laboratory Manual

Fokus Deutsch

INTERMEDIATE GERMAN

Workbook and Laboratory Manual

Daniela Dosch Fritz

Stephen L. Newton
University of California, Berkeley

Lida Daves-Schneider
Chino Valley (CA) Unified School District

Karl Schneider
Chino Valley (CA) Unified School District

Chief Academic and Series Developer
Robert Di Donato
Miami University

Boston   Burr Ridge, IL   Dubuque, IA   Madison, WI   New York   San Francisco   St. Louis
Bangkok   Bogotá   Caracas   Lisbon   London   Madrid
Mexico City   Milan   New Delhi   Seoul   Singapore   Sydney   Taipei   Toronto

McGraw-Hill Higher Education

A Division of The **McGraw-Hill** *Companies*

This is an  book.

Fokus Deutsch! Intermediate German
Workbook and Laboratory Manual

1 2 3 4 5 6 7 8 9 0 QPD QPD 9 0 9 8 7 6 5 4 3 2 1 0

ISBN 0-07-027602-1

Vice president/Editor-in-chief: *Thalia Dorwick*
Senior sponsoring editor: *Leslie Hines*
Development editors: *Marie Deer, Paul Listen, Sean Ketchem,* and *Peggy Potter*
Project manager: *David Sutton*
Senior production supervisor: *Richard DeVitto*
Senior designer: *Francis Owens*
Compositor: *York Graphic Services, Inc.*
Typeface: *Palatino*
Printer: *Quebecor Printing, Dubuque*
Illustrations were created by *Anica Gibson* and *George Ulrich.*
Electronic art was created by *Lori Heckelman* and *Teresa Roberts.*

Acknowledgments
The authors gratefully acknowledge the contributions of Nikolaus Euba, Beate Schröter, and
Christine Welter to the content of this book.

Grateful acknowledgment is made for use of the following material: Page 15 Bundesministerium für
Umwelt, Jugend und Familie; *16* From *Allensbacher Jahrbuch der Demoskopie, Bd. X: 1993-7*, page 104,
Elisabeth Noelie-Neumann and Renate Köcher (Hrsg.), K.G. Saur Verlag, Munich; *30* Bundesvereinigung
Jugendinformation, Leipzig; *44* From *Eine Woche voller Samstage* by Paul Maar. © Verlag Friedrich
Oetinger, Hamburg, 1973; *61* Copyright © Columbus Publishing Ltd. (UK); *111* From *Nero Corleone* by
Elke Heidenreich, illustrated by Quint Buchholz. © 1995 Carl Hanser Verlag, Munich, Vienna; *125* Dr.
Koch Fachexkursionen, Germany; *127* From *Orte und Menschen. Aufzeichnungen* by Marie Luise
Kaschnitz. © Insel Verlag, Frankfurt am Main, 1986; *139* Kurverwaltung Oberstaufen; *140* AllgänNet
Onlinedienste GmbH; *140* Kneipp-Bund e.V. Germany; *159* From — "Typisch Schweizer—typisch
Auslander" by Martina Egli, published in *Beobachter*, number 15, July 24, 1998; *175* "Die Zeitmaschine"
by Paul Maar from *Summelsarium oder 13 wahre Lügengeschichten* © Verlag Friedrich Oetinger,
Hamburg, 1973; *183* Stadttheater Aachen.

Internet: www.mhhe.com

CONTENTS

PREFACE

Welcome to the *Workbook and Laboratory Manual* that accompanies **Fokus Deutsch: Intermediate German.** Each chapter of the *Workbook and Laboratory Manual* is based on the corresponding chapter of the textbook, so that you may practice and review on your own what you are learning in class.

INTEGRATED LISTENING AND WRITING ACTIVITIES

Because your different senses and skills (listening, speaking, reading, writing) reinforce one another, listening and writing activities for each point in the text are integrated in the *Workbook and Laboratory Manual.*

Listening activities, which may have written or oral responses, are coordinated with the Audio Program (Cassettes or CDs). You can use the Audio Program at home or at your school's language laboratory. Audio activities are marked with a headphone symbol.

If you wish, you can purchase your own copy of the Audio Program on cassettes or CDs at your campus bookstore, or by calling 1-800-338-3987 and asking for item number 0-07-233690-0 (cassettes) or 0-07-233689-7 (CDs).

Remember, it is best to listen to audio activities more than once; it will help you acquire German more quickly.

Written activities include an interesting mix of multiple-choice, matching, fill-in, and open-ended questions that give you lots of opportunity to practice your vocabulary, grammar, and reading and writing skills. Many include pictures that will help you know how to respond. The written activities in each section move you gradually from simple to more complex activities.

Reading activities are marked with an open book symbol.

Writing activities are marked with a pen symbol.

PARALLEL ORGANIZATION

The structure of the preliminary chapter (*Einführung*) of the *Workbook and Laboratory Manual* parallels that of the *Einführung* in your textbook but reviews additional material not reviewed in the textbook. Chapters 25–36 are organized similarly to the textbook, as follows:

Videothek helps you practice your listening and speaking skills as you review the content of the video episode.

Vokabeln gives you plenty of practice with the thematic vocabulary presented in the textbook.

Strukturen presents a variety of activities on each grammar point covered in the corresponding section of the textbook. As in all other sections, you have an opportunity to practice orally as well as in writing.

Perspektiven integrates chapter vocabulary and grammar as you practice your skills in listening, reading, and writing in their cultural contexts.

- *Hör mal zu!* is an extended listening comprehension activity that expands the listening activity in the textbook chapter.
- *Lies mal!* provides practice in reading comprehension based on texts that are mostly taken from authentic German-language publications.

- *Schreib mal!* provides comprehensive, guided practice in writing sentences and paragraphs in German for practical purposes. It is often based on the reading topic.

After every third chapter there is a review chapter called *Wiederholung*. This, too, parallels the organization of the textbook. Each *Wiederholung* in the *Workbook and Laboratory Manual* is organized as follows:

Videothek reviews the content of the three video episodes you have already watched, while allowing you to further practice your listening and speaking skills.

Vokabeln integrates practice of all the vocabulary you have learned throughout the previous three chapters.

Strukturen integrates practice of all the grammar you have learned throughout the previous three chapters.

The *Wiederholung* chapters give you an opportunity to check your skills and make sure you are ready to move on to the next chapter.

ANSWERS

Answers to oral activities are given in the Audio Program—you will hear a verification of the correct response after you give your answer out loud. Answers for Audio Program activities that have written responses appear in the Answer Key at the back of the *Workbook and Laboratory Manual,* along with answers to many of the other written activities. No answers are provided for activities requiring personalized responses.

ACKNOWLEDGMENTS

The authors wish to thank Nikolaus Euba, Beate Schröter, and Christine Welter for their enormous contributions to the content of this *Workbook and Laboratory Manual.* Without their creative talents, we could not have managed this task.

Many others have also contributed to the publication of this book and deserve our grateful appreciation for their creative ideas and long hours of dedicated work: Marie Deer, Paul Listen, Sean Ketchem, Beatrice Wikander, David Sutton, Nora Agbayani, Tracy Bartholomew, Karen W. Black, Claudia Bohner, Roger Coulombe, Sara Daniel, Lori Diaz, Thalia Dorwick, Florence Fong, Leslie Hines, Francis Owens, Peggy Potter, Diane Renda, Stacey Sawyer, Arden Smith, Louis Swaim, David Sweet, Gregory Trauth, Sharla Volkersz, and Anja Voth.

Name _____

Datum _____

Klasse _____

EINFÜHRUNG

• •

VOKABELN

• •

A. Mini-Dialoge. Ergänzen Sie die Verben in den Dialogen. Jedes Verb passt nur einmal.

> anrufen
> aufpassen
> mitkommen
> zurückkommen

1.   ELKE: Willst du mit uns ins Kino _____?

    BERT: Ich weiß es noch nicht.

    ELKE: Du kannst mich ja heute Abend noch _____.

2.   GABI: Kannst du heute Abend auf unsere Kinder

    _____?

    SABINE: Ja, das mache ich gern. Wann werdet ihr _____?

    GABI: Wir sind um zehn Uhr zurück.

B. Begegnungen. Lars und Christina lernen sich in einem Deutschkurs der Universität München kennen. Lesen Sie den Dialog und beantworten Sie die Fragen in ganzen Sätzen.

LARS: Hallo, mein Name ist Lars Jensen und ich komme aus Dänemark. Ich habe dich gestern schon in der Cafeteria gesehen. Woher kommst du?

CHRISTINA: Ich heiße Christina Peterfy und komme aus Budapest. Das ist die Hauptstadt von Ungarn. Ich bin erst vor drei Tagen hier in München angekommen. Wie lange bist du schon hier?

LARS: Ich bin schon vor zwei Monaten gekommen. Ich habe einen Kurs am Goethe-Institut gemacht und dann habe ich Freunde meiner Eltern am Chiemsee besucht. Das war ganz toll. Wo wohnst du hier in München?

CHRISTINA: Ich wohne in einer Wohngemeinschaft. Und du?

LARS: Ich habe ein Zimmer bei Bekannten meiner Mutter gemietet. Es ist in Schwabing.

CHRISTINA: Deine Eltern haben aber viele Bekannte in Deutschland!

LARS: Ja, das stimmt. Meine Mutter hat vor dreißig Jahren auch in München studiert und sie hat damals viele Freunde gefunden. Hast du Lust, nach dem Kurs eine Limo trinken zu gehen?

CHRISTINA: Ja, das ist eine gute Idee, lass uns das machen!

1.   Woher kommt Lars? _____

2.   Woher kommt Christina? _____

3.   Wann ist Christina in München angekommen?

    _____

4.   Wo wohnt Lars? _____

5.   Warum hat Lars' Mutter Freunde in München?

    _____

STRUKTUREN

A. Imperative! Ergänzen Sie bitte die Imperativformen.

MODELL: Erika, _____*schick*_____ bitte an alle eine E-Mail! (schicken)

1. Jens und Elke, _____ uns bitte! (helfen)

2. _____ Sie bitte alle Vokabeln aus dem ersten Buch! (wiederholen)

3. Teresa, _____ doch bitte deine Milch! (trinken)

4. Frau Müller, _____ Sie bitte _____! (hereinkommen)

5. Kinder, _____ bitte nicht an die Wände! (malen)

6. Mutti, _____ uns doch bitte ein paar Kekse! (geben)

7. Herr Dorsel, _____ Sie sich bitte! (setzen)

8. Elke, _____ deiner Oma doch bitte die Tür. (öffnen)

B. Urlaubszeit. Ergänzen Sie die Lücken mit den passenden Adjektivendungen.

Badeurlaub am sonnig___[1] Mittelmeer

Bei uns finden Sie kilometerlang___[2] Sandstrände, luxuriös___[3] Zimmer und ein atemberaubend___[4] Frühstück. Unser klein___[5] Hotel liegt direkt am tiefblau___[6] Meer und von Ihrem Zimmer haben Sie einen herrlich___[7] Blick auf die Küste Griechenlands. Sieben Tage mit Frühstück und Doppelzimmer schon ab 566,— DM.

Auf den Spuren der alt___[8] Römer

14-tägige Busrundfahrt durch Italien im vollklimatisiert___[9] Reisebus. Besichtigen Sie historisch___[10] Sehenswürdigkeiten wie Burgen und Schlösser. Besuchen Sie bekannt___[11] Museen und lernen Sie die interessantest___[12] Kunstwerke Italiens kennen.

C. Auf dem Markt. Ergänzen Sie die Dialoge mit den passenden Personalpronomen.

VERKÄUFERIN: Kann ich _____[1] helfen?

KUNDE: Ja, geben Sie _____[2] ein Kilo Äpfel, bitte.

VERKÄUFERIN: So, bitte schön. Haben _____[3] sonst noch einen Wunsch?

KUNDE: Ja, mein Sohn hat _____[4] gesagt, ich soll _____[5] ein paar Bananen

mitbringen. Ich nehme fünf Stück.

VERKÄUFERIN: Bitte schön. Das macht dann acht Mark vierzig.

D. Ein Brief aus Berlin. Alexandra wohnt seit zwei Wochen in Berlin und schreibt einen Brief an ihre Eltern. Ergänzen Sie die Lücken mit dem Partizip der passenden Verben im Kasten.

Liebe Eltern,

vor zwei Wochen bin ich in Berlin _____.[1]

Die ersten Tage habe ich noch in einer kleinen Pension

_____,[2] aber dann habe ich bald ein Zimmer

in einer total netten Wohngemeinschaft

_____.[3] Letzten Samstag habe ich mir dann

erst mal die nötigsten Möbel _____.[4] Und

am Sonntag bin ich gleich mit meinen Mitbewohnern an den

Wannsee_____.[5] Wir haben den ganzen

Tag in der Sonne _____[6] und haben sehr

viel Spaß_____.[7] Nächste Woche beginnt

das Semester und ich bin schon ziemlich aufgeregt. Ich hoffe, es

geht euch gut.

Eure Alex

ankommen   fahren
haben   finden
kaufen
liegen   wohnen

E. Ein Abend im Theater. Saskia erzählt von ihrem Theaterbesuch. Ergänzen Sie die Lücken mit der Imperfektform des Verbs in Klammern.

Gestern _____*war*_____[1] (sein) ich im Theater. Ich _____[2] (haben) einen

ziemlich guten Platz. Ich _____[3] (sitzen) nämlich in der sechsten Reihe. Da

_____[4] (können) ich sehr gut sehen. Das Theaterstück _____[5]

(sein) ziemlich modern. Der österreichische Schriftsteller Thomas Bernhard _____[6]

(schreiben) es vor etwa zehn Jahren. Es _____[7] (geben) nur zwei Schauspieler, aber

beide _____[8] (sein) hervorragend.

PERSPEKTIVEN

 A. Rund ums Leben. Lesen Sie die folgenden Texte. Zu welchen Themen passen sie?

THEMEN

1. ___ Wiedervereinigung

2. ___ Mode

3. ___ Unterhaltung

4. ___ im Studentenwohnheim

a. Seitdem wir jetzt in Tempelhof wohnen, gehen wir sehr viel essen, weil das früher bei uns schwieriger war. Man hat sehr angestanden und es gab nicht so viele Restaurants.

c. Die Zimmer haben circa 16 Quadratmeter. Für zwei Zimmer stehen eine Wohnküche sowie zwei Duschen und zwei Toiletten zur Verfügung.

b. An einem Wochenende, das mir gefällt, werde ich nicht fernsehen, ich werde nicht einkaufen, sondern ich werde meine Freunde treffen. Ich werde ein gutes Buch lesen.

d. Den Wickelrock, das blaue Top und die braunen Schuhe habe ich im Urlaub getragen. Ich bin ein fröhlicher Mensch, darum trage ich gern etwas Buntes. Die Farben müssen natürlich passen, auch der Nagellack.

B. Kulturell bedingt. Denken Sie darüber nach, was Sie über das Leben in deutschsprachigen Ländern gelernt haben. Lesen Sie die Aussagen unten. Wer würde das sagen? Schreiben Sie A für Amerikaner oder D für Deutsche.

1. ___ Bevor ich mit dem Studium beginne, will ich eine Lehre als Bankkaufmann machen.

3. ___ Hier bei uns liegt alles so weit auseinander. Öffentliche Verkehrsmittel— Busse und Straßenbahnen usw.—sind selten. Man muss fast immer mit dem Auto fahren.

2. ___ Den Nationalfeiertag verbringe ich meistens mit meiner Familie. Wir dekorieren alles in Rot, Weiß und Blau. Wenn es dunkel wird, bewundern wir das tolle Feuerwerk.

4. ___ Natürlich gebe ich die Hand, wenn ich meine Kollegen begrüße. Das ist hier bei uns immer noch höflich.

25 MITEINANDER

VIDEOTHEK

• •

 A. Susannes Familie. Susanne spricht über ihre Familie. Was sagt sie über die Familienmitglieder? Machen Sie sich Notizen.

1.

Wer ist das? _____

Name _____

Wohnt in ___.   a. Fühlingen   b. Köln

2.

Wer ist das? _____

Wohnt in ___.   a. Fühlingen   b. Köln

Beruf _____

3.

Wer ist das? _____

Wohnt in ___.   a. Fühlingen   b. Köln

Beruf _____

4.

Wer ist das? _____

Wohnt in ___.   a. Fühlingen   b. Köln

Alter _____

Was macht sie für die Familie? _____

_____

_____

Wie oft? _____

B. Und Ihre Familie? Schreiben Sie jetzt über Ihre Familie oder eine fiktive (*fictional*) Familie. Was können Sie über zwei Familienmitglieder sagen? Schreiben Sie mindestens drei Sätze zu jeder Person.

MODELL: Meine Mutter heißt Margaret. Sie arbeitet bei einer Bank und ist froh, dass sie Arbeit hat. In ihrer Freizeit tanzt sie gern.

1. Mein/Meine _____

_____

_____

_____

2. Mein/Meine _____

_____

_____

_____

C. Sybilla und Meta Heyn. Lesen Sie den Text und beantworten Sie die Fragen, die Sie hören.

Sybilla Heyn. 37 Jahre alt. Sie lebt allein. Meta Heyn. 91 Jahre alt. Sie war verheiratet und sie hat drei Kinder. Großmutter und Enkelin. Zwei Frauen, ein Jahrhundert. Vieles hat sich verändert in diesem Jahrhundert. Auch die deutsche Familie.

1. . . .   2. . . .   3. . . .   4. . . .   5. . . .   6. . . .

D. Die deutsche Familie 1900–1999. Hören Sie sich die Sätze an. Welches Bild passt zum Satz?

a. _____

b. _____

c. _____

d. _____

e. _____

f. _____

E. Sabine und Peter Schenk. Lesen Sie die Sätze. Dann hören Sie zu und markieren Sie, wer was sagt. Schreiben Sie P für Peter und S für Sabine. Die Sätze unten sind nicht genau die Worte, die Sie hören.

1. Wir gehören zusammen.

_____

2. Wir wollen Kinder haben.

_____

3. Ich erwarte, dass mein Ehepartner sich um die Familie kümmert.

_____

4. Meine Familie ist ein Ruhepunkt und sie gibt mir Kraft.

_____

F. Stimmt das oder stimmt das nicht? Drei Personen, Anett, Daniela und Stefan, äußern ihre Meinungen zum Thema Familie. Hören Sie zu und kreuzen Sie die richtige Antwort an.

		JA	NEIN
1.	Wenn sie das Wort „Familie" hört, denkt Anett an ihre eigene Familie.	☐	☐
2.	Anett lebt mit ihren Eltern und einem älteren Bruder zusammen.	☐	☐
3.	Für Daniela muss jeder „Familie" selbst definieren.	☐	☐
4.	Daniela denkt, dass eine Person alleine eine Familie sein könnte.	☐	☐
5.	Stefan glaubt, dass die traditionelle Familie nicht mehr wichtig ist.	☐	☐

VOKABELN

A. Die deutsche Familie. Sie hören Fakten über die deutsche Familie. Schreiben Sie die Sätze, die Sie hören, mit den Satzteilen, die Sie lesen.

1. die deutsche Familie / einer festen Ordnung / lebte / in _____

   _____

2. wurden / Soldaten / mit sechzehn / die Söhne _____

   _____

3. wieder / die Frauen / Hausfrauen / wurden _____

   _____

B. Berühmte Leute. Sie hören den Anfang von jedem Satz. Finden Sie das richtige Ende. Schreiben Sie den Buchstaben vom Satzende in die Lücke und sagen Sie dann den ganzen Satz laut. Sie hören zum Schluss den ganzen Satz.

Sie hören und lesen: Prinz Charles und Prinzessin Diana
Sie finden: f. feierten 1981 ihre Hochzeit.
Sie schreiben: f.
Sie sagen: Prinz Charles und Prinzessin Diana feierten 1981 ihre Hochzeit.
Sie hören: Prinz Charles und Prinzessin Diana feierten 1981 ihre Hochzeit.

1. Prinz Charles und Prinzessin Diana _f_

2. Céline Dion ____

3. Michael und Latoya Jackson ____

4. Ludwig von Beethoven ____

5. Sokrates ____

6. Elizabeth ____

a. sind miteinander verwandt.
b. ist Königin von Großbritannien.
c. war Dichter und Schriftsteller.
d. hat eine schöne Stimme.
e. war Philosoph.
f. feierten 1981 ihre Hochzeit.
g. war Komponist.

C. Was bedeuten diese Sätze und Ausdrücke? Hören Sie zu. Wie ist es richtig? Entscheiden Sie bei jedem Satz zwischen a und b.

Sie hören: Ihre Enkelin Sybilla wuchs in einer typisch deutschen Kleinfamilie auf.
Sie lesen: a. Ihre Enkelin Sybilla ist in einer typisch deutschen Kleinfamilie groß geworden.
        b. Ihre Enkelin Sybilla kannte ihre Großmutter nicht.
Sie sagen: a. Ihre Enkelin Sybilla ist in einer typisch deutschen Kleinfamilie groß geworden.
Sie hören: a. Ihre Enkelin Sybilla ist in einer typisch deutschen Kleinfamilie groß geworden.

1. a. Auch Sybilla Heyn hatte keinen Beruf.
   b. Auch Sybilla Heyn folgte der Tradition nicht mehr.
2. a. Wir waren verlobt, aber nach acht Jahren wollten wir nicht mehr heiraten.
   b. Wir waren acht Jahre lang Freunde und dann wollten wir heiraten.
3. a. Am Anfang war es schwer, allein zu leben.
   b. Es war nie schwer, allein zu leben.
4. a. Mein Mann soll auch für die Familie sorgen.
   b. Ich sorge allein für die Familie.

D. Die Körperteile. Schreiben Sie das Wort für jeden Körperteil. Wenn es zwei gleiche Körperteile gibt, schreiben Sie die Pluralform.

MODELL: _____ *die Ohren*

1. _____
2. _____
3. _____

11. _____
10. _____
9. _____
8. _____
7. _____
6. _____
5. _____
4. _____

E. Was haben Sie gelernt? Wählen Sie das richtige Wort für jeden Satz.

Beruf	eigene	heiratete	überlebt	verdienten
Ehe	erwartet	sorgte	Umstellung	Verlobung

1. Mit 22 Jahren _____ sie Franz Heyn.

2. Meta gab ihren _____ auf und bekam drei Kinder.

3. Damals _____ die Frau für Haus und Familie.

4. Die Männer _____ das Geld.

5. Meta Heyn war froh, dass die Familie den Krieg _____ hatte.

6. In den sechziger Jahren änderte sich das Ideal von _____ und Familie.

7. Sybilla löste ihre _____ und zog in eine WG.

8. Sabine Schenk _____ von ihrem Ehepartner, dass er sich um seine Familie kümmert.

9. Für Nora Bausch war es am Anfang eine große _____, allein zu leben, aber jetzt fühlt sie sich wohl dabei.

10. Wenn ich das Wort *Familie* höre, denke ich an meine _____ Familie.

STRUKTUREN

Simple Past Tense

A. Das Leben von Meta Heyn. Sie hören die Geschichte von Meta Heyn. Ergänzen Sie die Sätze mit Hilfe der Liste. Sie hören die Sätze zweimal.

1. Als Meta Heyn geboren wurde, _d_

2. Damals ____

3. Dennoch ____

4. Mit 22 Jahren ____

5. Sie gab ihren Beruf auf und ____

6. Der Krieg ____

7. Nach dem Krieg ____

8. Meta Heyns Sohn Karl ____

9. Ihre Enkelin Sybilla ____

a. trennte Meta Heyns Familie.
b. lernte sie einen Beruf.
c. ging es der Familie Heyn gut.
d. regierte in Deutschland Kaiser Wilhelm.
e. sorgte die Frau für Haus und Familie.
f. wurde geboren.
g. studierte Jura.
h. bekam drei Kinder.
i. heiratete sie Franz Heyn.

B. Robert Schumann—eine Biografie. Ergänzen Sie die Biografie mit den folgenden Verben.

gründeten	starb
heiratete	studierte
komponierte	war
konnte	wurde
lebte	zog
schrieb	

Der Komponist Robert Schumann _____ [1] von 1810 bis 1856. In Leipzig

und Heidelberg _____ [2] er an der Universität Jura. Weil er mit seinen

Fingern Probleme hatte, _____ [3] er nicht Klavier spielen, also

_____ [4] er Komponist und Schriftsteller. Er

_____ [5] ein guter Freund von Felix Mendelssohn-Bartholdy. Zusammen

_____ [6] sie die „Neue Zeitschrift für Musik" für die Schumann viele

Aufsätze und Kritiken über die romantische Musik _____.[7] Hauptsächlich

(*Mainly*) aber _____ [8] er Klavierstücke und Lieder zu Texten von Goethe

und Heine. 1840 _____ [9] er Clara Wieck und 1850

_____ [10] er mit seiner Frau nach Düsseldorf. 1856

_____ [11] er an einer Gehirnkrankheit (*brain illness*) im Krankenhaus

Engenich.

C. Eine Anekdote. Streichen Sie die Präsensform und schreiben Sie die Imperfektform in die Lücke.

Wie Till Eulenspiegel vom Dach des Rathauses fliegen wollte

Eines Tages ~~kommt~~ _____*kam*_____[1] Till Eulenspiegel nach Magdeburg. Dort *macht*

_____[2] er viele dumme Streiche (*pranks*). Sein Name *wird* _____[3] so

berühmt, dass die Magdeburger viel von ihm *sprechen* _____.[4] Die Leute *bitten*

_____[5] ihn darum, ihnen etwas Interessantes zu zeigen.

Da *sagt* _____[6] er: „Ich werde auf das Rathaus steigen und vom Dach

herabfliegen." Die ganze Stadt *spricht* _____[7] über Till und Jung und Alt *gehen*

_____[8] auf den Marktplatz, um ihn zu sehen.

Till *steigt* _____[9] auf das Dach und *hebt* _____[10] seine Arme über

den Kopf, als ob er fliegen *will* _____.[11] Die Leute *stehen* _____[12]

auf dem Platz, *machen* _____[13] Mund und Augen auf und *glauben*

_____,[14] dass Till fliegen *kann* _____.[15]

Dann *lacht* _____[16] Eulenspiegel und *sagt*: _____[17] „Ich sehe,

nicht nur ich bin ein Narr (*fool*), die ganze Stadt ist voll von Narren." Und er *steigt*

_____[18] vom Dach herab auf die Straße, *lässt* _____[19] die Leute

stehen und *geht* _____[20] weiter.

Conjunctions

D. Sybilla und Meta Heyn. Hören Sie zu, was Meta und Sybilla über sich und ihre Familie sagen. Wie gehen die Sätze weiter? Wiederholen Sie den Satz, den Sie hören, mit Hilfe der Satzteile, die Sie sehen. Sie hören dann den Satz noch einmal.

1. Dein Großvater wollte, . . .
2. Der Krieg war aus und wir, wir waren froh, . . .
3. Das war schön damals in der WG, . . .

a. aber heute lebe ich lieber alleine.
b. dass wir ihn überlebt hatten.
c. dass ich daheim blieb und mich um die Kinder kümmerte.

E. Sabine Schenk, Peter Schenk und Nora Bausch. Hören Sie sich die Aussagen von Sabine, Peter und Nora an und schreiben Sie die fehlende Konjunktion. Sie hören jeden Satz zweimal.

1. Wir waren vorher acht Jahre befreundet, _____ irgendwann wollten wir dann einfach heiraten.

2. Also, wir glauben, _____ wir zusammengehören.

3. Meine Familie ist sehr wichtig für mich. Sie ist ein Ruhepunkt _____ sie gibt mir Kraft.

4. So eine Familie mit Kindern ist etwas Wunderschönes, _____ manchmal, da ist es schon sehr anstrengend.

5. Single heißt ja nicht, _____ ich alleine bin.

F. Hermann Hesse: eine Kurzbiografie. Sie werden einiges über Hermann Hesse lernen. Hören Sie sich den Text an und verbinden Sie die Satzteile.

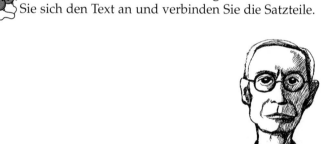

1. 1877 wurde Hesse in Württemberg geboren ___*d*___

2. Hesse floh aus einem Kloster _____

3. Als er seine Buchhändlerlehre begann, _____

4. Hesse fuhr nach Italien, _____

5. 1911 unternahm Hesse eine Reise nach Indien, _____

6. Als Hesse 50 Jahre alt wurde, _____

a. weil er Land und Leute kennen lernen wollte.
b. arbeitete er in einer Buchhandlung.
c. weil er Dichter werden wollte.
d. und seine Eltern waren Missionare.
e. erschien sein Buch „Der Steppenwolf".
f. als er 24 Jahre alt war.

G. Fragen zu Hermann Hesse. Jetzt hören Sie einige Fragen zur Aktivität F. Beantworten Sie die Fragen.

1. . . .   2. . . .   3. . . .   4. . . .   5. . . .   6. . . .

H. Eine wahre Geschichte. Lesen Sie die Geschichte von Grit und Jürgen. Setzen Sie die folgenden Konjunktionen ein.

dass   aber   weil   sondern

1. Grit und Jürgen haben geheiratet, _____ sie sich liebten.

2. Grits Eltern haben gedacht, _____ das die richtige Entscheidung war.

3. Jürgen ist nicht größer als Grit, _____ kleiner.

4. Das stört Grit manchmal, _____ was soll sie machen?

5. Nun haben sie ein Kind. Das macht das Leben von Grit und Jürgen nicht einfacher,

   _____ interessanter.

I. Was erzählt Susanne über ihre Kindheit? Verbinden Sie die Sätze. Benutzen Sie die angegebene Konjunktion.

1. Meine Großmutter wohnt in der Stadt. / aber / Meine Eltern wohnen in einem Vorort.

   _____

   _____

   _____

2. Mein Vater ist Professor. / und / Meine Mutter ist Richterin.

   _____

   _____

3. Meine Mutter blieb nicht zu Hause. / sondern / Sie machte Karriere.

   _____

   _____

   _____

4. Wir waren sehr froh. / denn / Wir hatten ein gutes Familienleben.

   _____

   _____

5. Meine Großmutter passte auf uns auf. / weil / Unsere Eltern waren berufstätig.

   _____

   _____

   _____

6. Es ist noch eine Tradition. / dass / Sie fährt dreimal pro Woche zu uns.

   _____

   _____

   _____

Negation

 J. Monikas Antworten. Monika trifft eine alte Freundin wieder. Die Freundin stellt ihr viele Fragen. Monika beantwortet sie alle negativ. Was sagt Monika?

Sie lesen und Sie hören: Wohnst du noch in Bonn?
Sie sagen: Nein, ich wohne nicht mehr in Bonn.
Sie hören: Nein, ich wohne nicht mehr in Bonn.

1. Spielst du noch Klavier?
2. Arbeitet dein Vater noch?
3. Lebt dein Bruder noch in den USA?
4. Hast du noch Kontakt zu unseren Nachbarn?
5. Lebt deine Großmutter noch?
6. Fährst du immer noch ein altes Auto?

 K. Nein! Verneinen Sie folgende Fragen mit Wörtern aus dieser Liste.

| kein | nicht | noch nicht | noch kein | nicht mehr | kein mehr |

Sie hören: Kennst du eigentlich einen Dichter?
Sie sagen: Nein, ich kenne keinen Dichter.
Sie hören: Nein, ich kenne keinen Dichter.

1. . . .   2. . . .   3. . . .   4. . . .   5. . . .   6. . . .   7. . . .   8. . . .

L. Thomas, Thomas! Thomas ist sehr vergesslich und macht viele Fehler. Korrigieren Sie seine Aussagen, indem Sie sie mit *kein, nicht, nicht mehr* oder *noch nicht* negieren.

MODELL: Meine Eltern haben eine große Villa in Berlin. →
Meine Eltern haben keine große Villa in Berlin.

1. Als Kind war ich besonders intelligent. _____

_____

2. Ich konnte mit 3 Jahren schon lesen. _____

_____

3. Mein Großvater lebte noch in Wien. _____

_____

M. Und Sie? Beantworten Sie die Fragen negativ mit *kein, nicht, nicht mehr, noch kein* oder *noch nicht*.

MODELL: Sind Sie schon müde? → Nein, ich bin noch nicht müde.

1. Wohnen Sie noch bei Ihren Eltern?

Nein, _____

2. Sind Sie verheiratet?

Nein, _____

3. Haben Sie Kinder?

Nein, _____

4. Lebt Ihr Urgroßvater noch?

Nein, _____

PERSPEKTIVEN

• •

Hören Sie zu!

A. Felix Mendelssohn. Der Komponist Felix Mendelssohn spricht über seine Familie. Hören Sie zu und ergänzen Sie die Sätze.

Jetzt kennen Sie auch schon meinen _____.[1] Allerdings nur einen kleinen

Teil. Mein voller Name ist Jakob Ludwig Felix Mendelssohn-Bartholdy. Vielleicht kennen Sie auch

schon meinen _____.[2] Ich bin Komponist. Mein erster Klavierlehrer,

besser gesagt meine erste Klavierlehrerin war meine Mutter—Lea. Ich habe drei

_____,[3] einen Bruder und zwei Schwestern. Fanny, meine

Lieblingsschwester, hat auch schon Musik komponiert und Konzerte gegeben—etwas ganz

Besonderes im neunzehnten Jahrhundert.

Meine _____ [4] Dorothea, Vaters Schwester, ist in Wien für ihren

literarischen Salon sehr bekannt. Hier treffen sich viele berühmte Leute der Romantik. Sie hat einen

großen Skandal verursacht, als sie meinen _____ [5] Friedrich geheiratet hat.

Er gehört übrigens zu den bekanntesten deutschen _____ [6] und

Theoretikern der Romantik.

B. Noch einmal. Jetzt hören Sie einige Fragen zum Text der Aktivität A. Beantworten Sie die Fragen.

1. . . .   2. . . .   3. . . .   4. . . .   5. . . .   6. . . .

C. Die Ehe und das Single-Leben in Österreich. Sie hören einen Text über die Ehe und das Single-Leben in Österreich und dann einige Fragen. Wählen Sie a oder b und sagen Sie die Antwort.

1. a. das Single-Leben
   b. die Ehe
2. a. den Trend zum Haushalt ohne Kinder
   b. den Trend zum Single-Leben
3. a. über 65 Jahre alt
   b. zwischen 20 und 54 Jahre alt

D. Noch einmal. Sie hören den Text über die Ehe in Österreich noch einmal. Was passt zusammen?

1. _____ 3 533 635   a. sind echte Singles.
                                b. Österreicher heiraten in einem Jahr.
2. _____ Etwa 40 000 Paare   c. der Singles sind über 65 Jahre alt.
                                d. verheiratete Österreicher gibt es.
3. _____ 4,3%

4. _____ 44%

 **E. Statistik.** Sie hören einige Fragen zum Text der Aktivitäten C und D. Welche Antwort ist richtig? Lesen Sie die richtige Antwort laut vor.

1. a. rund dreiundhalb Millionen (3 500 000)   b. rund dreiundhalb tausend (3 500)
2. a. 44%   b. 40 000
3. a. 4,3%   b. 68%
4. a. 4,3%   b. 44%
5. a. 4,3%   b. 68%

Lesen Sie!

F. Zum Thema. Was ist für Sie *Familie*? Schreiben Sie drei Gedanken zu dieser Frage. Ihre Antworten brauchen keine ganzen Sätze zu sein.

MODELL: jemand, der für mich da ist

1. _____

2. _____

3. _____

Was bedeutet Familie?

Frage: „Wenn Sie einmal an Ihre Familie denken: was bedeutet die Familie für Sie?"
Dezember 1994, Zahlen in %   Bevölk. insg.

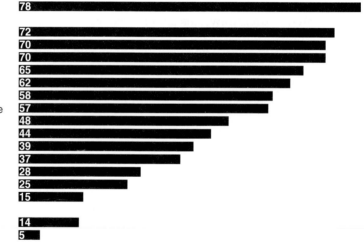

a Menschen, auf die ich bauen, denen ich vertrauen kann — 78
b Viel Freude — 72
c Menschen, die mich verstehen — 70
d Für Menschen Verantwortung tragen — 70
e Menschen, die mich anerkennen — 65
f Der Ort, wo ich so sein kann, wie ich bin — 62
g Menschen, auf die man stolz sein kann — 58
h Menschen, für die ich große Opfer bringen würde — 57
i Viel Zeit mit Kindern verbringen — 48
j Opfer bringen, verzichten müssen — 44
k Ort, wo ich mich entfalten kann — 39
l Unter Menschen sein, die denken wie ich — 37
m Streit, Auseinandersetzungen — 28
n Viel arbeiten müssen — 25
o Immer scharf rechnen, den Pfennig umdrehen müssen — 15
p Von anderen abhängig sein — 14
q Langeweile — 5

Auszug aus: *Elisabeth Noelle-Neumann, Renate Köcher (Hrsg.): Allensbacher Jahrbuch der Demoskopie 1993-1997, München: K. G. Saur, S. 104*

G. Zum Text. Die Grafik auf der vorigen Seite zeigt das Resultat einer Meinungsumfrage zum Thema Familie. Schauen Sie sich die Kategorien unten an. Welche Antworten zur Meinungsumfrage passen zu welchen Kategorien? (Haben Sie gemerkt? Die Grafik benutzt die alte deutsche Schreibweise.)

Suchen Sie 3 oder 4 Antworten aus der Meinungsumfrage für jede Kategorie unten, und schreiben Sie die Buchstaben in die passenden Kasten.

Liebe und Geborgenheit (security)	Geld, Zeit und Arbeit	Negatives

H. Wichtig/Unwichtig für mich.

1. Welche drei Antworten sind für Sie am wichtigsten?

_____

_____

2. Welche drei Antworten sind für Sie weniger wichtig?

_____

_____

Schreiben Sie!

I. Eine Familiengeschichte. Schreiben Sie die Geschichte von einem Familienmitglied: Vater/Mutter/Großvater/Großmutter/Tante/Onkel usw.

SCHRITT 1: Schreiben Sie zehn Fragen, die Sie dieser Person stellen wollen. Sie können Fragen zu Herkunft, Ausbildung, Arbeit und Beruf, Interessen, Lebensphilosophie usw. stellen.

1. _____
2. _____
3. _____
4. _____
5. _____
6. _____
7. _____
8. _____
9. _____
10. _____

SCHRITT 2: Interviewen Sie die Person. Machen Sie sich Notizen zu jeder Frage und Antwort.

_____?

Lebensphilosophie?

_____?

Interessen?

_____?

Arbeit und Beruf?

_____?

Herkunft und Ausbildung?

SCHRITT 3: Ordnen Sie Ihre Notizen. Wie wollen Sie das Leben dieser Person schildern? Chronologisch? Nach Themen?

SCHRITT 4: Schreiben Sie Ihren Aufsatz.

_____

_____

_____

_____

_____

_____

_____

_____

_____

_____

_____

© 2000 WGBH Educational Foundation and CPB

26 JUGEND

VIDEOTHEK

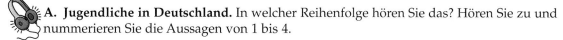

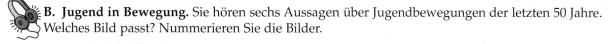

A. Jugendliche in Deutschland. In welcher Reihenfolge hören Sie das? Hören Sie zu und nummerieren Sie die Aussagen von 1 bis 4.

a. ____ Aber es gibt viele, die sehr sportlich interessiert sind.

b. ____ Die Jugendlichen in Deutschland, denke ich, werden immer interessantere Menschen.

c. ____ Jugendliche in Deutschland, damals und heute: radikal oder angepasst, konservativ oder liberal?

d. ____ Ich finde die deutsche Jugend sehr, sehr gute junge Leute.

B. Jugend in Bewegung. Sie hören sechs Aussagen über Jugendbewegungen der letzten 50 Jahre. Welches Bild passt? Nummerieren Sie die Bilder.

a. ____

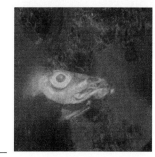

b. ____

c. ____

d. ____

e. ____

f. ____

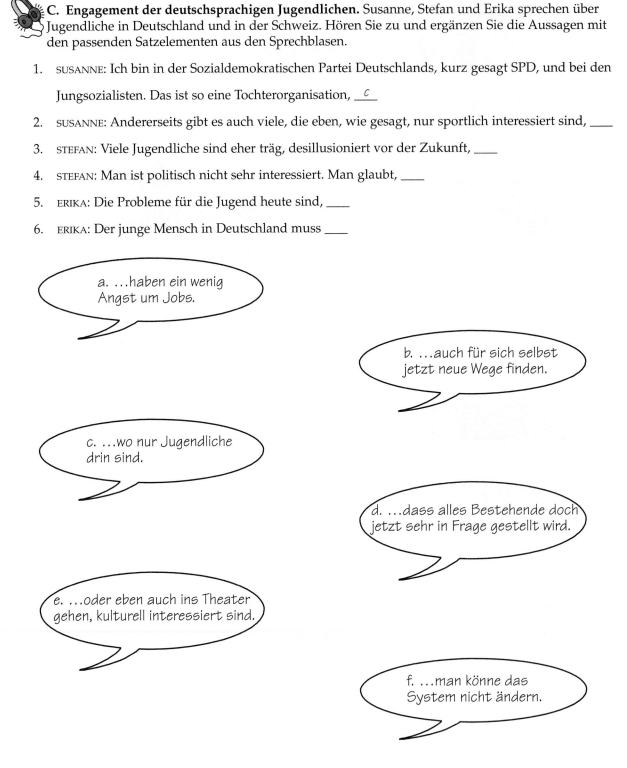

C. Engagement der deutschsprachigen Jugendlichen. Susanne, Stefan und Erika sprechen über Jugendliche in Deutschland und in der Schweiz. Hören Sie zu und ergänzen Sie die Aussagen mit den passenden Satzelementen aus den Sprechblasen.

1. SUSANNE: Ich bin in der Sozialdemokratischen Partei Deutschlands, kurz gesagt SPD, und bei den Jungsozialisten. Das ist so eine Tochterorganisation, __c__

2. SUSANNE: Andererseits gibt es auch viele, die eben, wie gesagt, nur sportlich interessiert sind, ____

3. STEFAN: Viele Jugendliche sind eher träg, desillusioniert vor der Zukunft, ____

4. STEFAN: Man ist politisch nicht sehr interessiert. Man glaubt, ____

5. ERIKA: Die Probleme für die Jugend heute sind, ____

6. ERIKA: Der junge Mensch in Deutschland muss ____

a. ...haben ein wenig Angst um Jobs.

b. ...auch für sich selbst jetzt neue Wege finden.

c. ...wo nur Jugendliche drin sind.

d. ...dass alles Bestehende doch jetzt sehr in Frage gestellt wird.

e. ...oder eben auch ins Theater gehen, kulturell interessiert sind.

f. ...man könne das System nicht ändern.

D. Drei Jugendporträts

SCHRITT 1: Hören Sie zu und schreiben Sie unter den Nummern 1 bis 3 die Informationen auf, die Sie über Ulla, Kristian und Ramona hören. Sie hören den Text zweimal.

1.

Ulla ist _____.

Alter: _____

Sie wohnt bei _____.

2.

Kristian lernt _____.

Alter: _____

Er wohnt in _____.

Sonstiges: _____.

3.

Ramona lernt _____.

Alter: _____

Sie wohnt in _____.

Sonstiges: _____.

4.

[ ]

Name: _____.

Alter: _____

Ich wohne _____.

Sonstiges: _____.

SCHRITT 2: Schreiben Sie jetzt unter Nummer 4 etwas über sich selbst!

 E. Wer sagt das? Hören Sie zu und markieren Sie die Aussagen mit U für Ulla, K für Kristian oder R für Ramona.

1. ____ Ich bin eigentlich sehr ehrgeizig.

2. ____ Also für die Zukunft bin ich recht optimistisch.

3. ____ Nach dem Abitur möchte ich ein Jahr reisen.

4. ____ Ich habe meine Zukunft, meine persönliche Zukunft, in meiner Hand.

5. ____ Und danach möchte ich gerne Meeresbiologie studieren.

6. ____ Erfolg ist schon für mich sehr wichtig.

VOKABELN

 A. Stimmt das oder stimmt das nicht? Die Friedensbewegung. Judiths Tante Karin hat von 1978–1985 in Heidelberg studiert. Sie war in der Friedensbewegung aktiv. Sie erzählt ihrer Nichte von den Idealen der Bewegung. Hören Sie zu und kreuzen Sie die richtige Antwort an.

		JA	NEIN
1.	Judiths Tante freute sich auf ihre Zukunft.	☐	☐
2.	Die Demonstrationen in Heidelberg waren meistens friedlich.	☐	☐
3.	Die Friedensbewegung wollte ihre Ziele mit Gewalt erkämpfen.	☐	☐
4.	Die Studenten demonstrierten gegen Raketen in Deutschland.	☐	☐
5.	Die politische Auseinandersetzung hat sich nach der Wiedervereinigung geändert.	☐	☐

B. Ein Interview mit Tante Karin. Judith befragt ihre Tante Karin über ihre Studienzeit in Heidelberg.

SCHRITT 1: Hören Sie dem Gespräch zu und unterstreichen Sie die richtigen Antworten.

   MODELL: Tante Karin hat (<u>Geschichte und Englisch</u> / Kunst und Englisch) studiert.

1. Sie hat (oft / selten) an Demonstrationen teilgenommen.

2. Am 1. Mai haben Jugendliche Steine (auf die Polizei / ins Ladenfenster) geworfen.

3. In (Frankfurt oder Berlin / Heidelberg) waren die Demonstrationen oft gewalttätig.

4. Viele Studenten waren (angepasst / radikal) und wollten einfach nur studieren.

5. Sie denkt (gern / nicht gern) zurück, weil das eine wichtige Zeit war, die auch viel Spaß gemacht hat.

SCHRITT 2: Beantworten Sie jetzt mündlich die Fragen, die Sie hören.

Studenten und Studentinnen
demonstrieren für den Frieden.

Sie hören: Was hat Tante Karin in Heidelberg studiert?
Sie sagen: Sie hat Geschichte und Englisch studiert.
Sie hören: Sie hat Geschichte und Englisch studiert.

   1. . . .   2. . . .   3. . . .   4. . . .   5. . . .

C. Kluge Sätze! Ergänzen Sie die Sätze mit den Vokabeln aus dem Kasten.

> Zukunft
> unterschiedlich
> Suche
> wählen verwirklichen
> Bescheidenheit
> Identität

1. Wir leben in der Gegenwart, die Vergangenheit liegt hinter uns, die _____ liegt vor uns.

2. Wir erleben die Gegenwart _____.

3. Die _____ ist ein Ideal, das in Zeiten des Wohlstands nicht leicht zu _____ ist.

4. Nur wer Staatsbürger ist, darf _____.

5. Der Lebensstil ist manchmal ein Ausdruck der _____ nach _____.

D. Was gehört zusammen? Verbinden Sie die Satzteile!

1. ____ Peter engagiert sich   a. einer Reise nach Indonesien.
2. ____ Karin träumt von   b. gegen die Ideale der Eltern.
3. ____ Jugendliche wehren sich   c. an Ihre Kindheit?
                                    d. für die Umwelt.
4. ____ Erinnern Sie sich gut   e. an Protestaktionen teil.
5. ____ Wir freuen uns   f. auf die Zeit nach dem Abitur.
6. ____ Ich nehme nicht gern

E. Definitionen. Schreiben Sie das passende Wort zu jeder Definition.

1. jemand, der etwas kauft: _____

2. ein Schüler an einem Gymnasium: _____

3. zehn Jahre: _____

4. Veränderung: _____

5. das Gegenteil von Krieg: _____

6. das Gegenteil von Zukunft: _____

7. das Gegenteil von friedlich: _____

8. ein anderes Wort für „Laden": _____

9. ein anderes Wort für „Sorte": _____

STRUKTUREN

The Accusative and Dative Cases

A. Objekte. Für jeden Satz, den Sie hören, sehen Sie 3 Möglichkeiten. Unterstreichen Sie für jeden Satz die Objektform, die Sie hören. Schreiben Sie D für direktes Objekt oder I für indirektes Objekt in die Lücke. Sie hören jeden Satz zweimal.

Sie hören: Der Vater erzählt den Kindern ein Märchen.
Sie lesen: die Kinder   den Kindern   der Kinder
Sie unterstreichen: <u>den Kindern</u>
Sie schreiben: I für indirektes Objekt

1. ___	schöne Blumen	schöner Blumen	schönen Blumen
2. ___	seinen Mitarbeitern	seiner Mitarbeiter	seine Mitarbeiter
3. ___	ihrem Studenten	ihren Studenten	ihres Studenten
4. ___	der Kunden	dem Kunden	den Kunden
5. ___	viele Geschenke	vielen Geschenken	vieler Geschenke

B. Alban, Thomas und Daniela treffen sich in der Mensa. Hören Sie zu und ergänzen Sie die fehlenden Personalpronomen.

ALBAN: Hallo Daniela. Wie geht's dir heute?

DANIELA: _____[1] geht's ausgezeichnet, danke. Und _____[2]?

ALBAN: Also ich fühle _____[3] heute nicht so besonders. Ich habe am Montag eine große Prüfung.

THOMAS: Ich bin ziemlich gestresst, weil mein Vater krank ist. _____[4] liegt zu Hause im Bett und ich muss _____[5] noch Medizin aus der Apotheke holen. Und meine Mutter will morgen im Garten arbeiten. _____[6] darf keine schweren Sachen tragen und ich muss _____[7] helfen.

DANIELA: Na, da habt _____[8] wohl keine Zeit, mit mir morgen Abend ins Konzert zu gehen. Es beginnt um 20 Uhr und _____[9] ist ein Abend mit Musik von Richard Strauss.

ALBAN: Ach, Strauss. Ich kenne _____[10] ein bisschen, aber seine Musik gefällt mir nicht so gut. Und außerdem muss _____[11] wirklich lernen.

THOMAS: Am Abend hätte ich schon Zeit. Was kosten denn die Eintrittskarten?

DANIELA: Für Studenten kosten _____[12] nur 10,- DM.

THOMAS: Das ist ja echt billig. Ich hole _____[13] morgen Abend ab und dann können _____[14] mit dem Bus ins Konzert fahren.

DANIELA: Prima. Also, macht's gut. Alban, ich wünsche _____[15] viel Glück bei der Prüfung!

C. Familie Wiedemann im Restaurant. Schreiben Sie ganze Sätze.

1. Die Kellnerin / bringen / die Familie / die Speisekarte _____

_____

2. Der Vater / zeigen / seine Frau / die Speisekarte _____

_____

3. Die Frau / bestellen / der Vater / ein Wiener Schnitzel _____

_____

4. Das Vanilleeis / schmecken / die Kinder / am besten _____

_____

D. Großmutters Geburtstag. Ergänzen Sie die Sätze mit den Dativobjekten.

MODELL: Klaus schenkt Blumen. (die Großmutter) →
Klaus schenkt der Großmutter Blumen.

1. Die Großmutter dankt für die Blumen. (der Enkel) _____

_____

2. Die Großmutter zeigt die Blumen. (das Kind) _____

_____

3. Die ganze Familie wünscht „Alles Gute". (die Großmutter) _____

_____

E. In der Mensa. Sie sitzen in der Mensa und es ist ziemlich laut. Weil Sie die anderen nicht verstehen können, müssen Sie nachfragen.

MODELL: Martin und Fares müssen eine Klausur schreiben. →
Wer muss eine Klausur schreiben?

1. Professor Ostendorf hilft den Studenten und Studentinnen.

_____

2. Die Vorlesung gefällt den Studenten.

_____

3. Die Professorin reagiert auf die Fragen.

_____

4. Jutta muss den Professor morgen anrufen.

_____

5. Die Studenten haben am Montag eine Klausur.

_____

F. Minidialoge. Ergänzen Sie die Lücken mit den passenden Personalpronomen.

1. SASKIA: Kennst du den Film „Rossini"?

    MUSTAFA: Nein, ich habe _____ noch nicht gesehen. Aber ich habe gehört, dass

    _____ sehr gut sein soll. Meine Mutter hat _____ gesehen und

    gesagt, dass _____ _____ ganz gut gefallen hat.

2. HERR BRAUN: Christine, gefällt _____ meine neue Krawatte?

    FRAU BRAUN: Also, ehrlich gesagt: _____ gefällt _____ überhaupt nicht. Was

    sind das für komische Farben? _____ passen überhaupt nicht zu

    _____ .

3. BEATE: Horst, hast du schon ein Geschenk für unseren Vater?

    HORST: Nein, ich habe keine Ahnung, was ich _____ schenken soll. Hast du schon

    was für die Eltern?

    BEATE: Na ja, ich habe _____ ein paar Bücher gekauft. Ich hoffe, dass _____

    interessant sind.

Genitive Case

G. Innerhalb oder außerhalb der Stadt? Hören Sie zu und beantworten Sie die Fragen mit Hilfe der Zeichnung.

Sie hören: Wo liegt das Museum?
Sie sagen: Es liegt außerhalb der Stadt.
Sie hören: Ja, es liegt außerhalb der Stadt.

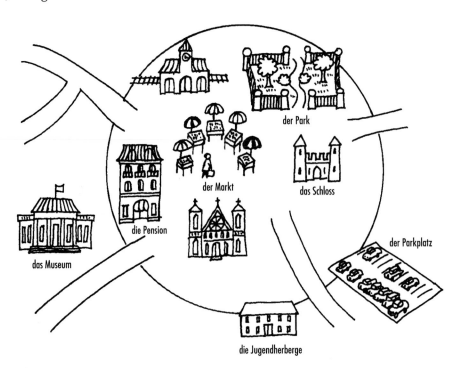

der Park

der Markt

das Schloss

die Pension

der Parkplatz

das Museum

die Jugendherberge

1. . . .   2. . . .   3. . . .   4. . . .   5. . . .   6. . . .

H. Was für Tage sind das? Beantworten Sie die Fragen mit den angegebenen Informationen im Genitiv.

Sie hören: Was für ein Tag ist der Geburtstag?
Sie lesen: die Geschenke
Sie sagen: Das ist ein Tag der Geschenke.
Sie hören: Das ist ein Tag der Geschenke.

1. die Blumen
2. das Kind
3. der Arbeiter
4. die Musik

 I. Wann haben diese Leute das gemacht? Hören Sie zu und beantworten Sie die Fragen mit den Informationen und der Präposition **während** + Genitiv.

Sie hören: Wann ist Frau Wimmer nach Jamaika geflogen?
Sie lesen: der Sommer
Sie sagen: Während des Sommers.
Sie hören: Während des Sommers.

1. der Winter
2. die Ferien
3. die Pause
4. der Frühling
5. das Essen
6. das Semester

J. Post aus Weimar. Ergänzen Sie den Brief mit den passenden Präpositionen aus dem Kasten.

> außerhalb
> wegen
> während
> trotz
> innerhalb

> Liebe Uschi,
>
> die Tage hier in Weimar waren prima. _____ der Hochzeit von Uwe und
>
> Margot konnte ich zwar nur zwei Tage bleiben, aber ich habe sehr viel gesehen. Meine
>
> Pension war _____ der Stadt und ich konnte das Stadtzentrum zu Fuß
>
> besichtigen. _____ der vielen Touristen war es im Goethehaus ruhig und nicht
>
> zu voll. _____ meiner Tage in Weimar habe ich auch die Landschaft
>
> _____ der Stadt besichtigt, eine idyllische Landschaft mit ruhigen Dörfern
>
> und sanften Hügeln.
>
> Liebe Grüße und bis bald,
>
> deine Grit

Accusative, Dative, and Accusative/Dative Prepositions

K. Erinnerungen der Friedensbewegung. Clemens erzählt von seinem Engagement für die Friedensbewegung als Student in den 70er Jahren. Ergänzen Sie die Lücken mit dem angegebenen Artikel (im richtigen Kasus) oder Adjektiv (mit der richtigen Endung).

„In den 70er Jahren haben viele Studenten gegen _____ [1] (der) Krieg und die Atomwaffen demonstriert. Zwischen _____ [2] (der) Osten und _____ [3] (der) Westen gab es große Spannungen. Der Kalte Krieg hatte zu _____ [4] (diese) Situation geführt. Man hatte Angst vor _____ [5] (die) Zukunft. Persönlich habe ich an _____ [6] (viele) Demonstrationen teilgenommen. Meine Freunde waren auch alle bei _____ [7] (diese) Demonstrationen. Die Demonstrationen in _____ [8] (unsere) Stadt waren damals meistens friedlich, denn Gewalt war für _____ [9] (die) Friedensbewegung tabu. Aber einmal haben vier junge Leute Steine in _____ [10] (das) Fenster eines Polizeiwagens geworfen. Nicht alle Studenten interessierten sich für Politik. Manche wollten einfach nur studieren, um den beruflichen Erfolg zu sichern. Nach _____ [11] (die) Wende 1989 wurde die politische Lage in Deutschland anders, der Kalte Krieg war vorbei. Ich denke oft an _____ [12] (diese) Zeit zurück, besonders wenn es heute mal wieder irgendwo einen Krieg gibt."

PERSPEKTIVEN

. . . .

Hören Sie zu!

 A. Neuer Erziehungsstil in Österreich. Hören Sie zu und ergänzen Sie die Lücken. Sie hören den Text zweimal.

> ### Wortschatz zum Hörtext
>
> der Erziehungsstil   *style of upbringing*
> die Hälfte   *half*
> das Viertel   *fourth*
> das Drittel   *third*
> die Befragten   *those questioned*

Wie erziehen _____[1] in Österreich heute ihre Kinder? Nach Forschungen der

Abteilung für Nationale _____[2]politik führt die Tendenz zu einem weniger

autoritären Erziehungsstil. Für 11- bis 14-jährige sind die Eltern meistens da. Die Hälfte dieser

Gruppe berichtet, dass ihre Eltern wie gute _____[3] sind. Aber ein Viertel muss

immer noch tun, was die Eltern _____.[4] Bei einem Drittel der Befragten sind die

Eltern sehr streng, und 8% haben sogar _____[5] vor ihren Eltern.

 B. Was wissen Sie jetzt über die Erziehung in Österreich? Schauen Sie sich den Text in Aktivität A an und beantworten Sie die Fragen, die Sie hören.

     1. . . .   2. . . .   3. . . .   4. . . .   5. . . .   6. . . .

Lesen Sie!

 C. Was bedeutet Freundschaft für Sie? Welche Wörter assoziieren Sie mit „Freundschaft"?

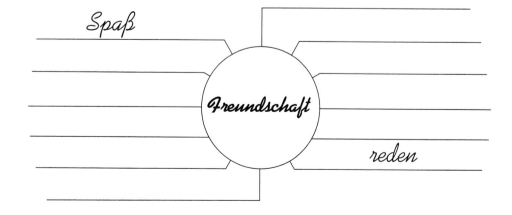

Wortschatz zum Lesen

Freundschaft schließen mit	*to make friends with*
der Fehler	*mistake*
die Eigenschaft	*trait*
in dieser Hinsicht	*in this regard*
je mehr . . . desto weniger . . .	*the more . . . the less . . .*
treu	*loyal*
die Geduld	*patience*

Freundschaft

I. BEZIEHUNGEN

Wenn Sie Freunde haben wollen, müssen Sie zuerst mit sich selbst Freundschaft schließen. Manchmal ist das schwierig. Sie sind nun mal, wie Sie sind, und keiner ist ohne Fehler. Jeder hat gute und schlechte Eigenschaften.

II. SICH SELBST SEIN

Vielleicht finden Sie es schwer, anderen zu zeigen, wie Sie wirklich sind. In dieser Hinsicht sind Sie sicher nicht allein. Es ist schwierig „sich selbst zu sein" und nicht immer schön. Aber Sie sollten es versuchen. Sonst werden Sie zu einem Spielball für andere.

III. FREUNDSCHAFT

Sie haben unterschiedliche Freundschaften. Es gibt die beste Freundin, es gibt Freundinnen, mit denen Sie Stunden lang reden können. Es gibt Freunde, mit denen Sie an Ihrem Moped oder Auto arbeiten, zum Fußball oder ins Konzert gehen, oder ganz einfach herumhängen.

IV. WAS MACHT MAN, WENN MAN NICHT SO LEICHT FREUNDE FINDET? DREI TIPPS.

a. Seien Sie sich selbst. Je mehr Sie versuchen, anderen zu gefallen, desto weniger wird es Ihnen gelingen. Versuchen Sie nicht immer, nette Komplimente zu machen, sondern warten Sie lieber, bis Sie etwas zu sagen haben.

b. Machen Sie selbst den ersten Schritt. Machen Sie etwas, was Sie selber mögen, und fragen Sie jemanden, ob er oder sie mitmachen will.

c. Lassen Sie sich von Bekannten helfen. Vielleicht haben Sie ein falsches Bild von sich selbst. Haben Sie keine Freunde, weil Sie große Probleme haben, dann bitten Sie um Hilfe. Lösen Sie zuerst Ihre Probleme, dann kommen später die Freunde von selbst.
Bundesvereinigung Jugendinformation, Leipzig

 D. Die Suche nach Freunden. Nachdem Sie die vier Absätze zum Thema Freundschaft gelesen haben, beantworten Sie diese Fragen.

1. Sind Sie treu? Geben Sie ein Beispiel. _____

_____

2. Haben Sie wenig Geduld? Mit wem haben Sie am meisten Geduld? _____

_____

3. Was bedeutet „sich selbst sein" für Sie? _____

_____

4. Welche Kategorien von Freunden oder Freundinnen haben Sie? _____

_____

E. Was passt? Im Lesetext „Freundschaft" haben Sie zum Schluss, unter Nummer IV („Was macht man, wenn man nicht so leicht Freunde findet?"), drei Tipps gelesen. Jetzt hören Sie vier kurze Gespräche. Suchen Sie für jedes Gespräch einen Tipp, der in der Situation helfen könnte. Schreiben Sie a, b, oder c.

1. ____

2. ____

3. ____

4. ____

Schreiben Sie!

F. Die Suchanzeige. Sie sind umgezogen und wohnen in einer neuen Stadt. Sie suchen neue Freunde. Wie wäre es mit einer Anzeige? Wie soll Ihr neuer Freund / Ihre neue Freundin sein? Welche Interessen soll er/sie haben? Schreiben Sie eine Suchanzeige.

Gesucht: neue Freunde

G. Mein bester Freund / Meine beste Freundin. Wer war Ihr bester Freund / Ihre beste Freundin, als Sie 10 Jahre alt waren? Beschreiben Sie diese Person.

SCHRITT 1: Machen Sie sich Notizen zu folgenden Fragen.

1. Wie hieß dieser Freund / diese Freundin? _____

   _____

2. Wie sah er/sie aus? _____

   _____

3. Wie und wo haben Sie sich kennen gelernt? _____

   _____

4. Was haben Sie zusammen gemacht? _____

   _____

5. Haben Sie zusammen etwas Interessantes erlebt? _____

   _____

6. Haben Sie eine Anekdote über diesen Freund / diese Freundin zu erzählen? _____

   _____

7. Wie ist Ihre Freundschaft heute? _____

   _____

SCHRITT 2: Ordnen Sie Ihre Notizen. Wie wollen Sie Ihre Beschreibung beginnen? Mit dem Aussehen? den Interessen? oder etwas anderem?

SCHRITT 3: Beschreiben Sie jetzt Ihren Freund / Ihre Freundin in einem kleinen Aufsatz. Benutzen Sie dabei Ihre Antworten in Schritt 1.

_____

_____

_____

_____

_____

_____

_____

_____

_____

27

KAPITEL

SCHULALLTAG

VIDEOTHEK

Name _____

Datum _____

Klasse _____

. . . .

 A. Susannes Schulalltag. Susanne beschreibt ihren Schulalltag. Hören Sie zu und markieren Sie die richtige Antwort. Sie hören den Text zweimal.

1. ____ Wie ist Susannes Schulalltag?
   a. Wie der Schulalltag von fast jedem.
   b. Ganz anders als normale Schulalltage.
   c. Sehr langweilig.

2. ____ Wann geht Susanne zur Schule?
   a. Morgens um 7.00 Uhr.
   b. Morgens gegen 8.00 Uhr.
   c. Um 7.30 Uhr.

3. ____ Wie kommt sie zur Schule?
   a. Mit dem Auto.
   b. Zu Fuß.
   c. Mit dem Bus.

4. ____ Was für Kurse hat Susanne belegt?
   a. Biologie, Deutsch und Philosophie.
   b. Deutsch, Psychologie und Kunst.
   c. Russisch, Biologie und Philosophie.

 B. Die Geschichte eines Gymnasiums. Hören Sie zu und setzen Sie die fehlenden Wörter ein.

Das Alte _____[1] in Bremen ist eine moderne Schule mit einer langen,

bewegten Geschichte. Seit Jahrhunderten ist Bremen eine Stadt des _____[2] und der

Kaufleute. Hier wurde 1528 das Alte Gymnasium gegründet. Die Söhne der reichen Kaufleute

lernten hier lesen, schreiben und _____[3] und studierten griechische Philosophie.

C. Das Alte Gymnasium in Bremen. Sie hören sechs Aussagen zur Geschichte des Alten Gymnasiums in Bremen. Welches Bild passt? Nummerieren Sie die Bilder.

a. ____

b. ____

c. ____

d. ____

e. ____

f. ____

D. Gute und schlechte Erinnerungen. Wer hat das in der Schulzeit gemacht? Hören Sie zu und markieren Sie für jede Erinnerung Dirk, Anett oder Erika.

	DIRK	ANETT	ERIKA	
1.	☐	☐	☐	hat mit 60 Schülern zwei Wochen im Gebirge gelebt.
2.	☐	☐	☐	durfte nicht auf einen Felsen klettern.
3.	☐	☐	☐	hat die Hauptstadt von Ungarn besucht.
4.	☐	☐	☐	ist mit der Schulklasse zusammen im Bus losgefahren.
5.	☐	☐	☐	hat den Lehrer beim Felsenklettern beobachtet.
6.	☐	☐	☐	hat viel über die Umwelt gelernt.

E. Karolin. Karolin erzählt über sich und ihre Schule.

SCHRITT 1: Hören Sie zu und schauen Sie sich die Bilder an.

1.

2.

3.

4.

5.

6.

SCHRITT 2: Was sehen Sie in den Bildern? Schreiben Sie jetzt einen Satz zu jedem Bild.

1. *Das ist Karolins Schule.* _____

2. _____

3. _____

4. _____

5. _____

6. _____

F. Karolins Schulalltag. Lesen Sie den folgenden Text und beantworten Sie dann die Fragen in ganzen Sätzen.

Unsere Klassenlehrerin, Frau Schroth, unterrichtet uns in Mathematik und Deutsch. Mathematik gefällt mir nicht besonders. Oft verstehe ich überhaupt nichts. Ich finde Mathe langweilig. Aber auf Französisch freue ich mich immer. Manchmal spielen wir Restaurant. Eine Schülerin spielt die Bedienung, wir anderen sind die Gäste. In der Pause bleiben die meisten Schüler im Gebäude. Viele spielen irgendetwas, Tischfußball oder Karten. Und hier können wir was zu essen und zu trinken kaufen. Heute haben wir, wie fast jeden Tag, sechs Stunden Unterricht. Um eins ist die Schule aus. Freiwillige Arbeitsgemeinschaften finden nachmittags statt. Im Kunstkurs bemalen wir die Wände in der Turnhalle. Es gibt auch Kurse, wo wir lernen, mit dem Computer zu arbeiten. Außerdem haben wir eine Tonwerkstatt. Unser kleines Kino benutzen wir zum Beispiel im Biologieunterricht. Im Erdgeschoss ist unser Musikstudio. Ich bin Sängerin in der Schulband. Manchmal machen wir auch Chemieversuche im Freien. Ich finde es gut, dass die Schule schon mittags aus ist. Da hat man am Nachmittag noch Zeit für andere Sachen. Eigentlich macht mir die Schule Spaß.

1. Was unterrichtet die Klassenlehrerin, Frau Schroth?

    _____

    _____

    _____

2. Wie findet Karolin Mathe?

    _____

    _____

    _____

3. In welchem Fach spielen sie „Restaurant"?

    _____

    _____

    _____

4. Was spielen die Schüler in der Pause?

    _____

    _____

5. Wann benutzen sie ihr kleines Kino?

    _____

    _____

    _____

6. Was macht Karolin im Musikstudio?

    _____

    _____

    _____

VOKABELN

A. Judiths Schulalltag. Judith erzählt von ihrem Schulalltag an einem Mädchengymnasium. Was gehört zusammen? Verbinden Sie die Satzteile. Sie hören den Text zweimal.

1. ____ Judith besucht
2. ____ Die Fächer Mathematik und Physik
3. ____ In Judiths alter Schule
4. ____ Informatik
5. ____ Judith war bis zur 10. Klasse
6. ____ Mathe, Deutsch und Englisch

a. machen ihr jetzt mehr Spaß.
b. hat Judith als Wahlfach.
c. sind Judiths Pflichtfächer.
d. waren die Naturwissenschaften langweilig.
e. die 11. Klasse eines Mädchengymnasiums.
f. auf einer anderen Schule.

B. Fragen über Judith. Benutzen Sie die Sätze in Aktivität A, um die Fragen, die Sie hören, mündlich zu beantworten.

Sie hören: 1. Welche Klasse besucht Judith?
Sie sagen: Sie besucht die 11. Klasse eines Mädchengymnasiums.
Sie hören: Ja, sie besucht die 11. Klasse eines Mädchengymnasiums.

C. Wie war die Schule früher? Silke besucht dasselbe Gymnasium, auf dem ihre Mutter vor 25 Jahren war. Sie stellt ihrer Mutter Fragen über ihre Schulzeit. Hören Sie zu und wählen Sie die beste Antwort.

1. ____ Was war das schönste Erlebnis der Mutter während ihrer Schulzeit?
   a. Der sehr interessante Biologieunterricht.
   b. Eine zehntägige Fahrradtour in der 12. Klasse.
   c. Der Deutschlehrer, der Geschichten erzählt hat.

2. ____ Wie waren die Unterrichtsmethoden damals?
   a. Sie waren viel strenger als heute.
   b. Die Schüler durften mitbestimmen.
   c. Die Schüler legten Wert auf Ruhe und Ordnung.

3. ____ Warum hat der Mutter der Biologieunterricht gefallen?
   a. Frau Pohl hat den Unterricht interessant gestaltet.
   b. Es gab wenig Hausaufgaben.

4. ____ Warum war Frau Pohl ihre Lieblingslehrerin?
   a. Frau Pohl war sehr streng, aber lustig.
   b. Chemie war zu schwer für sie.

D. Wortwahl. Ergänzen Sie die Sätze mit Substantiven aus dem Kasten.

Gegenwart
Grundlagen
Vergangenheit
Wettbewerb
Alptraum

1. Albert Einstein veränderte die _____

   der modernen Physik.

2. Der Schulalltag war für Einstein ein _____.

3. Die Freude war groß, als unsere Klasse den _____ gewonnen hatte.

4. Historiker beschäftigen sich mit der _____.

5. Im Alten Gymnasium Bremen begegnen sich Vergangenheit und _____.

E. Was passt nicht? Zwei Verben passen, nur eines passt nicht. Welches?

1. Eine Stadt kann man ____.
   a. zerstören
   b. erobern
   c. rechnen

2. Freiheiten kann man ____.
   a. besetzen
   b. sich erkämpfen
   c. verbieten

3. Vokabeln kann man ____.
   a. lehren
   b. auswendig lernen
   c. gründen

4. Ein Gymnasium kann man ____.
   a. gründen
   b. verlassen
   c. stattfinden

F. Pflichtfach oder freiwillige Arbeitsgemeinschaft? Schreiben Sie zu jedem Bild den Namen des Schulfachs (ist das **Musik, Informatik, Kunst** oder **Mathematik?**). Markieren Sie dann, ob das wohl ein Pflichtfach (ein Fach, das man belegen muss) ist oder eine freiwillige Arbeitsgemeinschaft (eine Aktivität, die man selber gewählt hat).

1.   2.   3.   4.

	FACH	PFLICHT	FREIWILLIG
1.	_____	☐	☐
2.	_____	☐	☐
3.	_____	☐	☐
4.	_____	☐	☐

G. Und bei Ihnen? Schreiben Sie auf, welche Fächer es an Ihrer Schule oder Universität gibt.

1. Welche Pflichtfächer haben Sie?

   _____

   _____

   _____

2. Welche Wahlfächer haben Sie?

   _____

   _____

   _____

3. Welche freiwillige Arbeitsgemeinschaften besuchen Sie nach der Schule oder Universität?

   _____

   _____

   _____

STRUKTUREN

••

Der- and *ein*-Words

A. Im Supermarkt. Hören Sie zu und kreuzen Sie an, welche **der**-Wörter benutzt werden.

Sie hören: Jeder Salat kostet eine Mark neunundfünfzig.
Sie kreuzen an: jeder

1. ☐ welche   ☐ diese   ☐ manche

2. ☐ dieses   ☐ jedes   ☐ solches

3. ☐ welche   ☐ diese   ☐ solche

4. ☐ solche   ☐ manche   ☐ diese

5. ☐ dieses   ☐ welches   ☐ jedes

B. Sie sind Verkäufer oder Verkäuferin im Modehaus.

SCHRITT 1: Stoppen Sie die Kassette oder CD und ergänzen Sie die Lücken mit den richtigen Endungen.

1. Jed____ Hemd ist aus Baumwolle.

2. Welch____ Mantel meinen Sie?

3. Jen____ Mantel kostet 325 Mark.

4. Ja, dies____ Krawatte passt gut zu jede____ Hemd.

5. Manch____ Jacken sind heute im Sonderangebot.

6. Nein, solch____ Sachen haben wir nicht.

7. Gefällt Ihnen dies____ T-Shirt?

8. Jed____ Rock kostet heute nur 40 Mark.

SCHRITT 2: Hören Sie jetzt zu und beantworten Sie die Fragen der Kunden mit den Sätzen, die Sie vervollständigt haben.

Sie hören: Wie viel kosten die Blusen?

Sie lesen: Dies _e_ Blusen kosten 55 Mark.
Sie sagen: Diese Blusen kosten 55 Mark.
Sie hören: Diese Blusen kosten 55 Mark.

C. Familienverhältnisse. Hören Sie zu und beantworten Sie die Fragen mit Hilfe der Informationen aus der Tabelle. Achten Sie auf die Possessivpronomen!

Sie hören: Wie heißen die Eltern von Monika?
Sie lesen: die Eltern von Monika: Jakob und Katharina
Sie sagen: Ihre Eltern heißen Jakob und Katharina.
Sie hören: Ihre Eltern heißen Jakob und Katharina.

1. der Bruder von Matthias: Daniel
2. die Schwester von Dagmar und Sybil: Martina
3. das Kind von Heinz: Angela

4. der Onkel von Katinka: Wolf-Dieter
5. die Tante von Gernot: Susan

D. Stimmt das oder stimmt das nicht? Heike erzählt von ihrem Familienleben. Hören Sie zu und kreuzen Sie die richtige Antwort an. Wenn eine Aussage nicht stimmt, verbessern Sie sie. Sie hören den Text zweimal.

		JA	NEIN
1.	Heike wohnt bei ~~ihrer Tante~~.	☐	☑

ihren Eltern

2. Ihr Bruder muss jeden Nachmittag im Restaurant arbeiten. ☐ ☐

_____

3. Jeden Tag muss Heike viel für die Schule lernen. ☐ ☐

_____

4. Jedes Wochenende macht die Familie einen Ausflug ins Grüne. ☐ ☐

_____

E. Steckbriefe. Schreiben Sie ganze Sätze mit den Informationen über Jonas und Isabella. Benutzen Sie dabei **ein**-Wörter.

		JONAS	ISABELLA
1.	ALTER	19	22
2.	AUGENFARBE	braun	grün
3.	HAARE	dunkelblond	hellbraun
4.	ELTERN	Maria und Drago	Johanna und Bodo
5.	INTERESSEN	Segeln	Bücher lesen
		Musik hören	Filme sehen
6.	HOBBY	Kochen	Klavier spielen

JONAS

1. *Sein Alter ist 19 Jahre.* _____

2. _____

3. _____

4. _____

5. _____

6. _____

ISABELLA

1. _____

2. *Ihre Augenfarbe ist grün.* _____

3. _____

4. _____

5. _____

6. _____

Adjectives

F. Der Dankesbrief. Julia bedankt sich bei ihren Freunden für eine schöne Einladung. Hören Sie zu und ergänzen Sie die Lücken mit den Adjektiven.

Liebe Freunde,

vielen Dank für den _____ [1] *Abend bei euch. Das*

gute Essen hat mir super geschmeckt, besonders die frische Forelle mit

_____ [2] *Salat. Aber der*

_____ [3] *Nachtisch war am besten! Und eure*

_____ [4] *Wohnung hat mir auch sehr gut gefallen. Es*

macht mir immer Spaß, einen _____ [5] *Abend mit*

euch zu genießen. Hoffentlich könnt ihr bald mal zu mir kommen!

_____ [6] *Grüße,*

eure Julia!

G. Fragen zu Julias Brief. Jetzt beantworten Sie die Fragen, die Sie hören, mit den Informationen aus dem Brief.

Sie hören: Was hat Julia super geschmeckt?
Sie sagen: Das gute Essen hat ihr super geschmeckt.
Sie hören: Das gute Essen hat ihr super geschmeckt.

   1. ...   2. ...   3. ...   4. ...

H. Urlaub in Italien. Sie kommen aus dem Urlaub in Italien zurück. Hören Sie zu und beantworten Sie die Fragen mit Hilfe der angegebenen Informationen.

Sie hören: Was haben Sie in Italien gesehen?
Sie lesen: Kirchen (alt)
Sie sagen: Ich habe alte Kirchen gesehen.
Sie hören: Ich habe alte Kirchen gesehen.

1. ein Museum (interessant)
2. Gemälde (schön)
3. das Kolosseum (groß)
4. viele Gebäude (historisch)
5. der Dom (groß)
6. eine Pizza (teuer)
7. ein Buch (antik)

I. Der Berggasthof „Alpenblick". Ergänzen Sie die Anzeige mit den passenden Adjektivendungen.

Ihr Ausflugsziel Nummer 1:

Berggasthof Alpenblick

im wunderschön_____[1] Voralpenland von Österreich.

🐦 🐦

Bei uns können Sie ruhig_____[2] Tage verbringen. Genießen Sie den schön_____[3] Blick auf die majestätisch_____[4] Berge, wandern Sie durch still_____[5] Wälder oder entspannen Sie sich an einem der sauber_____[6] Seen. Abends verwöhnen wir Sie mit gut_____,[7] österreichisch_____[8] Küche. Das frisch_____[9] Fleisch ist bei uns von best_____[10] Qualität. Und unsere gemütlich_____[11] Zimmer werden Ihnen sicher gefallen. Alle Räume haben ein modern_____[12] Bad und einen klein_____[13] Balkon. Und in unserem günstig_____[14] Preis ist sogar noch ein groß_____[15] Frühstück enthalten. Also, worauf warten Sie? Rufen Sie uns an, und dann nichts wie los ins schön_____[16] Österreich!

Indefinite Numerals and the Interrogative Pronoun *was für (ein)*

J. Birgits Alltag auf dem Gymnasium. Schreiben Sie Fragen mit **was für (ein)** und Antworten mit den Wörtern in Klammern.

MODELL: Freunde / haben / Birgit (viel- / nett-) →
Was für Freunde hat Birgit? Sie hat viele nette Freunde.

1. Schulalltag / haben / Birgit (ein- / abwechslungsreich-) _____

   _____

2. Pflichtfächer / belegen / Birgit (einig- / langweilig-) _____

   _____

3. Gymnasium / besuchen / Birgit (ein- / groß-) _____

   _____

4. Wahlfächer / Birgit / haben (mehrer- / interessant-) _____

   _____

PERSPEKTIVEN

· ·

Hören Sie zu!

Wortschatz zum Hörtext

das Musterkind	*model child*
geistig zurückgeblieben	*mentally challenged*
die Aufnahmeprüfung	*entrance exam*
regelmäßig	*regularly*
fehlen	*to be absent*
das Knabenpensionat	*boarding school for boys*
veröffentlichen	*to publish*

A. Einsteins frühe Jahre. Sie hören eine kurze Biografie des Wissenschaftlers Albert Einstein. Was fehlt?

Albert Einstein _____ [1] am 14. März 1879 in Ulm geboren. Sein Vater war

Kaufmann und produzierte in einer kleinen Fabrik Elektrogeräte. Leider konnte Einsteins Vater mit

seiner Fabrik nicht sehr viel Geld _____ [2] und die Familie musste oft

umziehen—von Ulm nach München, dann nach Padua und Mailand. Albert Einstein war kein

Musterkind und später auch kein Musterschüler. Er _____ [3] erst sehr spät sprechen

und seine Eltern dachten manchmal, dass er geistig zurückgeblieben sei.

Während seiner Schulzeit und _____ [4] war Einstein immer sehr

interessiert an mathematischen und physikalischen Problemen. Trotzdem sagte ein Lehrer, dass er es

nie zu etwas bringen würde. Er hatte oft Probleme mit dem formalen

_____ [5] im Luitpoldgymnasium in München, vor allem mit der Disziplin.

Im Alter von fünfzehn Jahren _____ [6] er die Schule.

In Mailand besuchte Einstein kurz die internationale _____ [7] und wollte

danach an der Technischen Hochschule in Zürich studieren. Leider _____ [8] er die

Aufnahmeprüfung nicht. Die klassischen Fremdsprachen waren ein Problem für ihn. Erst 1894

_____ [9] er einen Platz für das mathematisch-physikalische Fachlehrerstudium

bekommen.

Auch an der _____ [10] hatte Einstein weiterhin Probleme. Er besuchte seine

_____ [11] nicht regelmäßig. Man sagt sogar von ihm, dass er permanent

fehlte. Im Frühling 1900 bestand Einstein sein _____ [12] Examen und arbeitete

einige Zeit als Rechenmaschine für einen Astronomen, als Vertretung am Technikum Winterthur und

als Lehrer an einem Knabenpensionat in Schaffhausen.

© 2000 WGBH Educational Foundation and CPB

Zwei Jahre nach _____ [13] Studium bekam Einstein eine Stelle beim Schweizer

Patentamt. Seine Arbeit im Patentamt konnte er in drei bis vier Stunden

_____ [14] machen. Danach hatte er Zeit für die

_____ [15] Seine ersten wissenschaftlichen Arbeiten veröffentlichte er 1905

in den „Annalen der Physik".

B. Was wissen Sie jetzt über Albert Einstein? Schauen Sie sich den Text in Aktivität A an und beantworten Sie die Fragen, die Sie hören.

1. . . .   2. . . .   3. . . .   4. . . .   5. . . .   6. . . .   7. . . .   8. . . .

Lesen Sie!

Wortschatz zum Lesen

das Pult	*podium, lectern*
erläutern	*to explain*
sich melden	*to raise one's hand*
begreifen	*to comprehend*
der Rüssel	*nose (lit. elephant's trunk)*
weiterwissen	*to know how to proceed*
die Dichtstunde	*poetry hour*
dichten	*to make up poems*
die Zeile	*line (of a poem)*
reimen	*to rhyme*

Sie lesen nun einen Ausschnitt aus Paul Maars Buch „Eine Woche voller Samstage" (1973) und bearbeiten dann die folgenden Aufgaben. Lesen Sie aber zuerst diesen kurzen Hintergrund über „das Sams".

Das Sams. An einem schönen Samstag geht Herr Taschenbier in der Stadt spazieren. Er trifft auf eine Menschenmenge, die um ein kleines Wesen (das Sams) herumsteht, das singend und reimend auf dem Boden sitzt. Herr Taschenbier führt das Sams aus der Gruppe heraus und beginnt, mit ihm zu sprechen. Er errät seinen Namen und erfährt, dass das Wesen nun bei ihm bleiben muss. So lernt es die Lebensweisen und Gewohnheiten der Menschen kennen.

Aus: „Eine Woche voller Samstage"

Aus einem Klassenzimmer hörte das Sams lautes Lachen. „Das klingt gut", meinte es und trat ein.

Drinnen blieb es überrascht an der Tür stehen: Hinter dem Lehrerpult saß ein kleines Mädchen, das nicht älter war als die anderen Schüler und Schülerinnen der Klasse.

„Bist du aber eine kleine Lehrerin", stellte das Sams verwundert fest. Die Kinder der Klasse lachten.

„Ich würde sagen, eine junge Lehrerin. Denn klein bin ich nicht für mein Alter", erklärte das Mädchen hinter dem Pult. „Und wer bist du?"

„Ich bin ein Neuer. Ich heiße Robinson", stellte sich das Sams vor.

„Dann such dir einen Platz!", sagte das Mädchen. „Aber beeil dich bitte, wir wollen nämlich weitermachen."

Das Sams suchte einen freien Platz und setzte sich. Währenddessen erläuterte das kleine Mädchen der Klasse, wie eine Wolke entsteht. Wenn einer der Schüler etwas nicht verstand, fragte er, und das kleine Mädchen und die anderen Schüler erklärten es ihm genauer.

Wenn das Mädchen eine Frage stellte, meldeten sich alle ganz wild, denn jeder wollte zeigen, dass er es begriffen hatte.

„Warum ist denn die Lehrerin so jung?", fragte das Sams flüsternd seinen Banknachbarn. Der lachte erst und flüsterte dann zurück: „Das ist doch überhaupt keine Lehrerin. Unser richtiger Lehrer sitzt da drüben in der Bank."

Das Sams sah hinüber. Da saß tatsächlich ein junger Mann zwischen den Kleinen.

„So ein fauler Kerl", sagte das Sams.

„Das nimmst du sofort zurück!", drohte sein Banknachbar und hielt ihm die geballte Faust unter den Rüssel.

„Warum tut er denn nichts?", wollte das Sams wissen.

„Weil wir alles selber können. Jeder, der will, darf Lehrer spielen. Und nur, wenn einer nicht mehr weiterweiß, erklärt es der echte Lehrer. Jeden Tag haben wir andere Lehrer. Alle passen auf, weil es nie langweilig wird, und die Schule macht Spaß!"

„Jeder darf Lehrer spielen?", fragte das Sams. „Dann will ich auch Lehrer sein."

Sein Banknachbar meldete sich und wurde von dem kleinen Mädchen hinter dem Pult aufgerufen: „Was gibt es?"

„Der Robinson möchte Lehrer sein."

„Der Robinson?", fragte sie. „Aber ich bin doch noch nicht fertig. Wer möchte, dass Robinson den Lehrer macht?"

Fast alle meldeten sich, denn alle waren gespannt, den Neuen näher kennen zu lernen. Stolz stand das Sams auf, wartete, bis sich das Mädchen auf seinen Stuhl gesetzt hatte, und nahm dann selber hinter dem Pult Platz. „Ich wollte eine Dichtstunde halten."

„Eine Dichtstunde? Heißt das, dass du dichtest und wir zuhören müssen? Das ist aber langweilig."

„Nein, wir dichten zusammen", erklärte das Sams. „Ich beginne mit der ersten Zeile und einer von euch erfindet die zweite. Sie muss sich natürlich auf die erste reimen. Zur Belohnung darf er dann eine dritte Zeile dichten und die anderen müssen eine vierte finden, die sich auf die dritte reimt. Und so weiter."

Adapted and excerpted from Paul Maar's *Eine Woche voller Samstage* (Hamburg: Oetinger, 1973).

© 2000 WGBH Educational Foundation and CPB

C. Mit eigenen Worten. Beantworten Sie die folgenden Fragen zum Inhalt des Textes.

1. Was sieht das Sams, als es in das Klassenzimmer tritt? _____

_____

2. Warum wohl stellt sich das Sams als „Robinson" vor? _____

_____

3. Welches Fach wird in der Klasse gerade unterrichtet? _____

_____

4. Was sagt „Robinson" zu seinem Banknachbarn und warum droht ihm dieser mit seiner geballten Faust?

_____

_____

5. Wie reagiert die Klasse auf Robinsons Wunsch, auch einmal Lehrer zu sein?

_____

_____

6. Was für ein Thema will „Robinson" unterrichten und wie finden es seine Mitschüler?

_____

_____

D. Ausdrücke. Die folgenden Ausdrücke und Redewendungen sind aus dem Text. Erklären Sie in 1–2 Sätzen, was sie bedeuten oder in welcher Situation man sie benutzen würde.

1. „Das klingt gut."

_____

_____

2. „So ein fauler Kerl!"

_____

_____

3. „Der Banknachbar . . . flüsterte zurück."

_____

_____

4. „unser richtiger Lehrer"

_____

_____

E. Was denken Sie? Äußern Sie Ihre Meinung zu dem im Text genannten Unterrichtsstil. Vergessen Sie Ihre Begründung nicht!

1. Halten Sie es für eine gute Idee, dass Schüler sich ans Lehrerpult setzen, um der Klasse etwas zu erklären? Warum? Warum nicht?

   _____

   _____

2. Finden Sie auch, dass der richtige Lehrer faul ist? Warum? Warum nicht?

   _____

   _____

3. Stellen Sie sich vor, Sie müssten an Stelle vom Sams eine Unterrichtsstunde halten. Was würden Sie Ihren Schulkameraden erklären? Welches Fach würden Sie gern unterrichten?

   _____

   _____

Schreiben Sie!

F. Unsere Dichtstunde! Wir dichten nach dem Rezept vom Sams. Und so funktioniert es. Das Papier wird mitten im Gedicht zweimal weitergereicht. Sie werden an 3 verschiedenen Gedichten arbeiten.

1. erste Zeile: Schreiben Sie einfach einen Satz.

   Geben Sie das Papier ihrem Nachbarn oder ihrer Nachbarin von rechts.
   Sie bekommen den Satz von ihrem Nachbarn oder ihrer Nachbarin von links.

2. zweite Zeile: Erfinden Sie jetzt eine Zeile, die sich auf die erste Zeile, die Sie jetzt vor sich haben, reimt.

3. dritte Zeile: Schreiben Sie wieder irgendeinen Satz.

   Geben Sie das Papier weiter nach rechts.
   Sie bekommen wieder ein neues Gedicht von links.

4. vierte Zeile: Erfinden Sie jetzt eine Zeile, die sich auf die dritte Zeile, die Sie jetzt vor sich haben, reimt.

   MODELL: [SIE SCHREIBEN:] Miau, miau, miau,
                [DIE NÄCHSTE PERSON SCHREIBT:] mach auf, liebe Frau.
                                                 Lass mich in dein Häuschen.
                [DIE DRITTE PERSON SCHREIBT:] Ich fang dir alle Mäuschen.

[ALTERNATIVE: Sie schreiben alle 4 Zeilen selber!]

DAS GEDICHT

_____

_____

_____

_____

WIEDERHOLUNG 9

• •

VIDEOTHEK

• •

 A. Wer sagt das? Hören Sie zu und schreiben Sie R für Ramona, K für Kristian und U für Ulla.

Ramona   Kristian   Ulla

1. ____ Man hat viel mit anderen Menschen zu tun, mit den Kunden, und auch viel mit der Natur und mit den Blumen.

2. ____ Nach meiner Schulzeit habe ich eine Banklehre bekommen, bei der Frankfurter Sparkasse.

3. ____ Ich möchte die Welt erleben und Erfahrungen sammeln.

4. ____ Und danach möchte ich gerne Meeresbiologie studieren.

5. ____ Ich bin momentan im zweiten Lehrjahr.

6. ____ In Erfurt lerne ich den Beruf der Floristin.

 B. Der Schulalltag. Hören Sie zu und verbinden Sie die Satzteile.

1. ____ In der Pause

2. ____ Und hier können wir

3. ____ Heute haben wir, wie fast jeden Tag,

4. ____ Um eins

5. ____ Freiwillige Arbeitsgemeinschaften

6. ____ Im Kunstkurs

7. ____ Es gibt auch Kurse, wo wir lernen,

a. sechs Stunden Unterricht.
b. mit dem Computer zu arbeiten.
c. etwas zu essen und zu trinken kaufen.
d. ist die Schule aus.
e. bemalen wir die Wände in der Turnhalle.
f. bleiben die meisten Schüler im Gebäude.
g. finden nachmittags statt.

VOKABELN

A. Stimmt das oder stimmt das nicht? Aus der Schulzeit. Herr Schorlemann denkt an seine Schulzeit zurück. Hören Sie zu und kreuzen Sie die richtige Antwort an.

	JA	NEIN
1. Herr Schorlemann hat 1973 Abitur gemacht.	☐	☐
2. Herr Schorlemanns Schulerlebnisse waren nicht sehr positiv.	☐	☐
3. Erdkunde und Deutsch haben ihm Spaß gemacht.	☐	☐
4. Der Unterricht bei Herrn Möllers hat ihn begeistert.	☐	☐
5. Herr Möllers war strenger als andere Lehrer.	☐	☐
6. Herr Büker hat mit den Schülern eine Klassenfahrt gemacht.	☐	☐
7. Die Schulklasse ist an die Ostsee gefahren.	☐	☐
8. Auf der Klassenfahrt war Herr Büker recht langweilig.	☐	☐

B. Familie und Tradition. Lesen Sie diesen Text und beantworten Sie die Fragen.

Nach dem Zweiten Weltkrieg wurde die wirtschaftliche Situation in Deutschland besser. Die Frauen wurden wieder Hausfrauen und die Männer verdienten wie früher das Geld. Meta Heyns Sohn Karl studierte Jura. Nach dem Studium heiratete er. Tochter Sybilla wurde geboren. Ihre Mutter kümmerte sich um das Kind und den Haushalt. Ihr Vater machte Karriere. Es ging ihnen gut. Schon bald hatten sie ein Auto und ein eigenes Haus. Seit dem Tod ihres Mannes lebt Meta Heyn allein. Ihre Enkelin Sybilla wuchs in einer typisch deutschen Kleinfamilie auf. In den 60er Jahren änderte sich das Ideal von Ehe und Familie. Auch Sybilla Heyn brach mit der Tradition. Sie löste ihre Verlobung und zog mit Freunden in eine gemeinsame Wohnung—eine WG.

1. Wie ist Meta mit Sybilla verwandt?

_____

2. Wer ist Karl?

_____

3. Wann heiratete Karl?

_____

4. Was machte Sybillas Mutter?

_____

5. Seit wann lebt Meta alleine?

_____

6. Wo wohnte Sybilla in den 60er Jahren?

_____

STRUKTUREN

A. Jans Aufgaben. Was hat Jan heute schon gemacht und was hat er noch nicht gemacht? Hören Sie zu und kreuzen Sie an. Sie hören den Text zweimal.

	HAT ER SCHON GEMACHT	HAT ER NOCH NICHT GEMACHT
1. in der Bäckerei frische Brötchen holen	✓	☐
2. die Katze der Nachbarin füttern	☐	☐
3. auf der Bank Geld holen	☐	☐
4. mit Steffi für die Prüfung lernen	☐	☐
5. die Wohnung sauber machen	☐	☐
6. Lebensmittel einkaufen	☐	☐
7. das neue Buch von Grass lesen	☐	☐
8. für die Uni etwas machen	☐	☐

B. Die Abiturfeier. Alle bringen etwas zur großen Abiturfeier mit. Beantworten Sie die Fragen mit Hilfe der angegebenen Informationen.

Sie hören: Was bringt Hans mit?
Sie lesen: Hans: ein / Kuchen (groß)
Sie sagen: Er bringt einen großen Kuchen mit.
Sie hören: Er bringt einen großen Kuchen mit.

1. Gerda: viele / Kekse (lecker)
2. Kirsten: die / Blumen (frisch)
3. Ahmad: Musik (schnell)
4. Franco: einige / Freunde (nett)
5. Steffi: mehrere / Salate (gut)

C. Dieters Schultag. Schreiben Sie jeweils einen Satz über Dieter mit diesen Präpositionalphrasen.

MODELL: mit dem Bus → Dieter fährt mit dem Bus zur Schule.

1. mit seinen Freunden _____

_____

2. im Unterricht _____

_____

3. in der Pause _____

_____

4. durch die Stadt _____

_____

_____

5. zu Hause _____

_____

_____

D. Jasmins Tagesablauf. Schreiben Sie zu jedem Bild einen Satz im Imperfekt. Verwenden Sie die Angaben in Klammern.

MODELL: 1. (um acht Uhr / aufstehen) → Um acht Uhr stand Jasmin auf.

2. (dann / frühstücken)

_____

3. (zur Universität / fahren)

_____

4. (in der Bibliothek / arbeiten)

_____

5. (mit Josef / zu Mittag / essen)

_____

6. (mit Heinz / Tennis / spielen)

_____

7. (um drei Uhr / Tee / trinken)

_____

8. (Natalie / anrufen)

_____

9. (mit Martha / spazieren / gehen)

_____

28 UNIVERSITÄT

VIDEOTHEK

• •

A. Heidelberg. Hören Sie zu und ergänzen Sie die fehlenden Wörter.

_____¹ und Studium: Begriffe, die in Deutschland Tradition haben. In Heidelberg

befindet sich die _____² deutsche Universität. Sie ist heute noch eine weltweit

bekannte und populäre _____.³ Durch die Jahre hindurch hat sich das Studium

sehr verändert. Studentenproteste, Hochschulreform, Modernisierung. Die heutige

_____⁴ sieht ganz anders aus als die von früher.

B. Die Geschichte einer Universität. Sie hören sechs Aussagen zur Geschichte der Universität Heidelberg. Welches Bild passt? Nummerieren Sie die Bilder.

a. ____

b. ____

c. ____

d. ____

e. ____

f. ____

C. Klaus, Daniela oder Sabine. Wer sagt das? Hören Sie zu und markieren Sie die Aussagen mit K für Klaus, D für Daniela oder S für Sabine.

a. _____ Der Studienablauf in Österreich teilt sich in zwei Abschnitte.

b. _____ Ich bin gleich nach dem Abitur auf die Universität gegangen, nach Münster.

c. _____ Man muss eine Diplomarbeit schreiben und dann ist das Studium beendet.

d. _____ Ausländische Studenten und Studentinnen gibt es viele in Köln.

e. _____ Und für mich war es absolut klar, dass ich Mathematik studieren wollte.

f. _____ Ich kenne welche aus Holland und aus Brasilien.

D. Guy aus Kamerun. Sie hören Aussagen über Guys Leben als Student in Deutschland. Welches Bild passt? Nummerieren Sie die Bilder.

a. _____

b. _____

c. _____

d. _____

e. _____

E. Internationale Studenten. Hören Sie zu und beantworten Sie dann die Fragen, die Sie hören.

1. ...   2. ...   3. ...   4. ...   5. ...

F. Anja und Sabine. Hören Sie zu und kreuzen Sie an, was für Anja und was für Sabine zutrifft.

	ANJA	SABINE			ANJA	SABINE
1. Jura	☐	☐	5.	Germanistik	☐	☐
2. Greifswald	☐	☐	6.	Musikwissenschaften	☐	☐
3. Köln	☐	☐	7.	Wirtschaftswissenschaften	☐	☐
4. Sportwissenschaften	☐	☐				

G. Susannes Studienpläne. Lesen Sie den Dialog. Beantworten Sie dann die Fragen.

PROFESSOR: Du machst, Susanne, nächstes Jahr das Abitur?

SUSANNE: Hoffentlich, ja.

PROFESSOR: Das heißt, du bist dann fertig mit der Schule.

SUSANNE: Richtig.

PROFESSOR: Und danach?

SUSANNE: Gute Frage. Also als Erstes möchte ich gern ein Jahr ins Ausland gehen, also nach Spanien oder in die USA oder nach England, um die Sprache ein bisschen zu lernen und zu verfestigen. Und danach möchte ich eigentlich studieren.

PROFESSOR: Und weißt du, wo du studieren möchtest?

SUSANNE: Ja, ich denke, ich werde erst mal in meiner Heimatstadt Köln beginnen. Wo es mich dann hinverschlägt, weiß ich noch nicht. Aber ich würde gerne Politologie studieren, Geschichte und vielleicht Philosophie. Mal sehen.

PROFESSOR: Und in Köln, kann man das machen in Köln?

SUSANNE: Ja, Köln hat eine große Uni, riesengroß.

1. Wann macht Susanne das Abitur?

   _____

   _____

2. Wohin möchte sie gehen?

   _____

   _____

3. Was möchte sie danach machen?

   _____

   _____

4. Wo möchte sie studieren?

   _____

   _____

5. Was möchte sie studieren?

   _____

H. Sie und Ihre Freunde. Was wollen Sie studieren? Was wollen drei Ihrer Freunde studieren? Schreiben Sie vier Sätze.

_____

_____

_____

_____

_____

_____

VOKABELN

A. Auf Wohnungssuche. Heiko hat einen Studienplatz in Hamburg bekommen und muss ein Zimmer finden. Er besucht seinen Freund Tim, der im Studentenwohnheim wohnt, und stellt ihm Fragen über die Wohnsituation. Hören Sie sich den Dialog an und ergänzen Sie die Sätze. Sie hören den Text zweimal.

HEIKO: Ist es leicht, ein Zimmer im Wohnheim zu _____[1]?

TIM: Das ist leider gar nicht so einfach. Es gibt nicht genug Zimmer in Wohnheimen. Die Zahl der

Studenten _____[2] auch jedes Jahr _____.[3] Ich suche zum

Wintersemester auch ein neues Zimmer. Wenn du willst, können wir gemeinsam eine Wohnung

suchen.

HEIKO: Das ist eine gute Idee. Die Wohnung muss ja nicht riesengroß sein. Aber bei den

_____[4] Preisen ist es billiger, wenn wir zusammen wohnen.

TIM: Wenn wir eine Wohnung mit drei Zimmern finden, können wir auch noch einen Kommilitonen

von mir _____.[5] Mein Freund Stefan studiert Medizin und sucht auch

ein Zimmer zum _____.[6]

B. Studium im Ausland. Laurence, Karla und Martin studieren seit dem Wintersemester in Tübingen. Sie sprechen über ihre Erfahrungen als ausländische Studenten.

SCHRITT 1: Hören Sie den drei Studierenden zu und machen Sie sich Notizen in der Tabelle.

	Laurence	**Karla**	**Martin**
Woher kommt er/sie?			
Warum kam er/sie nach Tübingen?			
Woran muss er/sie sich gewöhnen?			

SCHRITT 2: Beantworten Sie nun mündlich die Fragen, die Sie hören.

1. . . .   2. . . .   3. . . .   4. . . .   5. . . .   6. . . .   7. . . .   8. . . .   9. . . .

C. Was gehört zusammen? Bilden Sie Sätze!

1. ____ Die Heidelberger Universität

2. ____ Die Heidelberger Altstadt

3. ____ Bildung hat eine lange

4. ____ Vor einer Prüfung muss man

5. ____ Die Zahl der Studenten

6. ____ Jura und Rechtswissenschaften

   a. wurde im Krieg nicht zerstört.
   b. hat stark zugenommen.
   c. sind dasselbe Studienfach.
   d. Tradition in Deutschland.
   e. den Stoff wiederholen.
   f. ist die älteste Universität in Deutschland.

D. Verben mit Präpositionen. Ergänzen Sie die Präpositionen.

1. Karin fürchtet sich _____ Hunden.

2. Guy muss sich _____ das Wetter in Deutschland erst gewöhnen.

3. Martin sehnt sich _____ dem flachen Land in South Dakota.

4. Karla wundert sich _____ die vielen Studenten in den Vorlesungen.

E. Das Studium. Ergänzen Sie die Lücken mit Wörtern aus dem Kasten.

Begriff   Diplomarbeit

Vorlesungen   Erfahrung

Geisteswissenschaften

beliebt

1. Ein Studienjahr im Ausland ist eine gute _____.

2. Der _____ „Bildung" hat in Deutschland eine lange Tradition.

3. Eine _____ schreibt man am Ende eines Studiums.

4. Geschichte und Germanistik gehören zu den _____.

5. Die _____ bei Professor Hanau sind sehr _____.

STRUKTUREN

Subjunctive

A. Wenn ich berühmt wäre . . . Hören Sie zu, wie eine Studentin träumt, und nummerieren Sie die Aussagen in der Reihenfolge, in der Sie sie hören.

a. ____ ein großes Haus am Strand kaufen

b. ____ auf viele Partys gehen

c. ____ durch die ganze Welt reisen

d. ____ auch Geld für arme Menschen spenden

e. ____ in Talkshows zu Gast sein

f. ____ teure Kleidung tragen

g. ____ nie mehr studieren müssen

h. ____ sehr reich sein

B. Und was würden Sie machen, wenn Sie berühmt wären? Hören Sie zu und beantworten Sie die Fragen.

Sie hören: Was würden Sie machen, wenn Sie berühmt wären?
Sie lesen: ein großes Auto fahren
Sie sagen: Ich würde ein großes Auto fahren.
Sie hören: Ich würde ein großes Auto fahren.

1. mit allen Stars sprechen
2. in teuren Restaurants essen
3. den Armen helfen
4. ein schönes Segelboot kaufen
5. eine Firma gründen
6. in der Oper singen

C. Der freie Tag. Was könnten diese Leute machen, wenn sie morgen frei hätten? Hören Sie zu und beantworten Sie die Fragen mit Hilfe der Informationen unten.

Sie hören: Was könnte Frau Meier morgen machen?
Sie lesen: Frau Meier: ein gutes Buch lesen
Sie sagen: Sie könnte ein gutes Buch lesen.
Sie hören: Sie könnte ein gutes Buch lesen.

1. Tim: zum Schwimmen gehen
2. Herr und Frau Braun: den ganzen Tag faulenzen
3. Anne: endlich mal ausschlafen
4. die Jungen: im Park Fußball spielen

D. Wünsche, nichts als Wünsche . . . Drei Leute reden über ihre Wünsche. Ergänzen Sie die Lücken mit Wörtern aus dem Kasten.

KERSTIN: Ach, ich _____[1] so gern ein bisschen mehr Zeit.

Die ganze Woche ist so stressig. Ich _____,[2] ich

_____[3] mal wieder richtig ausschlafen. Ich

_____[4] auch gern Zeit, um ein gutes Buch zu

lesen.

> hätte
> hätte
> wollte
> könnte

© 2000 WGBH Educational Foundation and CPB

ULF: Das Wetter ist so mies hier. Die ganze Zeit nur Regen. Ich

_____,⁵ ich _____⁶ einfach

abhauen. Ich _____⁷ gerne irgendwo in die Sonne

fahren. Ich _____⁸ einfach mal wieder ein paar Tage

am Strand liegen. Ich _____⁹ so gern auf Hawaii.

würde	wünschte
wäre	möchte
könnte	

MARCELLA: Bei mir in der Familie gibt's zur Zeit nur Ärger. Ich

_____,¹⁰ mein Vater _____¹¹

nicht so viel arbeiten und meine Eltern _____¹²

mal Urlaub machen. Und mein kleiner Bruder

_____¹³ nicht immer so ungezogen zu ihnen

sein. Es _____¹⁴ wirklich etwas friedlicher bei

uns sein.

dürfte	wünschte
sollte	könnten
müsste	

 E. Endlich Wochenende. Was würde Josef am Wochenende gern machen? Schauen Sie die Bilder an und schreiben Sie Sätze im Konjunktiv.

MODELL: Josef würde gern mit einem Freund Fahrrad fahren.

1. _____

2. _____

3. _____

4. _____

5. _____

F. Eine Einladung. Schreiben Sie eine Einladung an einen Mitschüler oder eine Mitschülerin. Folgen Sie dem Beispiel und denken Sie daran, folgende Informationen zu geben.

- Wer wird eingeladen?
- Wohin?
- Für wie lange?
- Wie kommt man dahin?
- Wer wird noch da sein?
- Was gibt es zu tun?
- Wann und wie soll man eine Antwort geben?
- Wer lädt ein?

MODELL:

> Lieber Matthias,
>
> am Wochenende fahre ich nach Hause zu meiner Familie. Es wäre sehr schön, wenn du mitkommen könntest. Meine Eltern würden dich gern einmal wieder sehen. Wir könnten viele interessante Dinge machen, zum Beispiel ins Theater oder ins Kino gehen. Ich glaube, dass wir viel Spaß zusammen hätten. Würdest du mich morgen anrufen, wenn du mitkommen möchtest?
>
> Bis bald, dein Steffen

G. Mehr Wünsche. Formulieren Sie die folgenden Wünsche etwas höflicher! Verwenden Sie dabei den Konjunktiv.

MODELL: Ruf mich morgen zurück! →
Würdest du mich bitte morgen zurückrufen?

oder: Könntest du mich bitte morgen zurückrufen?

1. Kann ich mal dein Buch haben?

_____

2. Gebt mir das Video zurück!

_____

3. Können Sie mir sagen, wie spät es ist?

_____

4. Bringen Sie mir eine Tasse Kaffee!

_____

5. Dürfen wir mal die Speisekarte sehen?

_____

Present Subjunctive of Weak and Strong Verbs

H. Ach, wenn . . . Was wünschen Sie sich? Hören Sie zu und beantworten Sie die Fragen.

Sie hören: Was wünschen Sie sich?
Sie lesen: Talent haben
Sie sagen: Ach, wenn ich doch Talent hätte!
Sie hören: Ach, wenn ich doch Talent hätte!

1. reich sein   4. mehr Zeit haben
2. mehr Glück haben   5. mit der Schule fertig sein
3. älter sein   6. das Abitur schon haben

I. Tatsachen und Wünsche. Lesen Sie die Tatsachen und schreiben Sie für jede Tatsache einen Wunsch.

MODELL: Ich kann mir kein neues Fahrrad kaufen. →
Wenn ich mir nur ein neues Fahrrad kaufen könnte!

1. Wir müssen jeden Tag so viele Hausaufgaben machen.

_____

2. Manche Pflichtfächer sind so langweilig.

_____

3. Du hast morgen eine große Prüfung.

_____

4. Ihr seid nicht zu Hause.

_____

Past Subjunctive

J. Petra ist total pleite. Hören Sie zu und sagen Sie, was Sie an Petras Stelle nicht gemacht hätten. Verwenden Sie den Konjunktiv der Vergangenheit.

Sie hören: Petra hat 50 Mark für CDs ausgegeben.
Sie lesen: keine 50 Mark für CDs
Sie sagen: Ich an ihrer Stelle hätte keine 50 Mark für CDs ausgegeben.
Sie hören: Ich an ihrer Stelle hätte keine 50 Mark für CDs ausgegeben.

1. nicht dreimal ins Kino
2. keine vier neue Blusen
3. nicht die ganze Familie zum Essen ins Restaurant
4. nicht jeden Tag im Café Moshammer
5. keine fünf Stunden lang mit meinen Freunden
6. nicht am Wochenende nach Hamburg

K. Das hätte ich nicht gemacht . . . Heute wird eine große Prüfung geschrieben, doch viele Studenten haben gestern nicht gelernt, sondern etwas anderes gemacht. Schreiben Sie, was Sie an ihrer Stelle nicht gemacht hätten, und benutzen Sie dabei den Konjunktiv der Vergangenheit.

MODELL: Ich hätte nicht Fußball oder Tennis gespielt.

1. _____

2. _____

3. _____

4. _____

5. _____

PERSPEKTIVEN

• •

Hören Sie zu!

A. Entdecken Sie Kamerun! Sie hören jetzt einiges über das Land Kamerun. Was fehlt? Hören Sie zu und ergänzen Sie die Lücken.

Die Hauptstadt Yaoundé ist auf sieben Hügeln erbaut. Die vielen Märkte, _____,[1]

Geschäfte und Kinos sorgen für Abwechslung. Im Nordwesten der Stadt liegen dicht bewachsene

Berge, die bis auf 1000 Meter ansteigen. Auf dem Mont Fébé, der die _____[2]

überragt, befindet sich ein Ferienzentrum mit Luxushotel, Nachtklub, Spielkasino, schöner

Gartenanlage und Golfplatz. Die Höhenlage macht das Klima angenehm. Vierzig Kilometer nördlich

der _____,[3] an der Straße nach Obala, befindet sich ein ganzjähriger

Vergnügungspark. Ostkamerun ist eher dünn besiedelt. Die imposanten Nachtigall-Fälle des Flusses

Sanga sind beeindruckend. In den dichten Wäldern dieser _____[4] gibt es frei

lebende Gorillas.

B. Frageecke. Beantworten Sie nun die Fragen, die Sie hören, mit Hilfe der Informationen in der Aktivität A.

1. . . .   2. . . .   3. . . .   4. . . .

Lesen Sie!

Die Brüder Grimm haben viele Märchen gesammelt und aufgeschrieben. Lesen Sie nun eines ihrer beliebtesten Märchen, „Frau Holle".

Die Gebrüder Grimm bei einer Familie

Wortschatz zum Lesen

der Brunnen	*well (for water)*	das Heimweh	*homesickness*
das Unglück	*misfortune*	das Tor	*gate*
die Besinnung	*consciousness*	das Reichtum	*wealth*
die Wiese	*meadow*	wie sich's gebührte	*as was required*
schütteln	*to shake*	sagte ihr den Dienst auf	*gave her notice*
die Zufriedenheit	*satisfaction*	der Kessel	*kettle*
Gesottenes und Gebratenes	*cooked and roasted meat*	die Belohnung	*reward*

Frau Holle

Eine Witwe hatte zwei Töchter; von denen war die eine schön und fleißig, die andere häßlich und faul. Sie hatte aber die häßliche und faule, weil sie ihre rechte Tochter war, viel lieber, und die andere mußte alle Arbeit tun und das Aschenputtel sein. Das arme Mädchen mußte sich täglich auf die große Straße zu einem Brunnen setzen und mußte so viel spinnen, daß ihm das Blut aus den Fingern lief. Nun trug es sich einmal zu, daß die Spule ganz blutig ward. Da bückte sich das Mädchen damit in den Brunnen und wollte sie abwaschen. Sie sprang ihm aber aus der Hand und fiel hinab. Es weinte, lief zur Stiefmutter und erzählte ihr das Unglück. Diese schalt es aber heftig und sprach: „Hast du die Spule hinunterfallen lassen, so hol' sie auch wieder herauf!" Da ging das Mädchen zu dem Brunnen zurück und wußte nicht, was es anfangen sollte. In seiner Herzensangst sprang es schließlich in den Brunnen hinein, um die Spule zu holen. Es verlor die Besinnung, und als es erwachte und wieder zu sich selber kam, befand es sich auf einer schönen Wiese, wo die Sonne schien und viel tausend Blumen standen. Auf dieser Wiese ging das Mädchen fort. Und es kam zu einem Backofen, der war voller Brot. Das Brot aber rief: „Ach, zieh mich 'raus! Sonst verbrenn' ich; ich bin schon längst ausgebacken." Da trat es herzu und holte mit dem Brotschieber alles nacheinander heraus. Danach ging es weiter und kam zu einem Baum, der hing voller Äpfel und rief ihm zu: „Ach, schüttel mich, schüttel mich! Wir Äpfel sind alle miteinander reif." Da schüttelte das Mädchen den Baum, daß die Äpfel fielen, als regnete es, bis keiner mehr oben war. Und als es alle in einem Haufen zusammengelegt hatte, ging es wieder weiter.

Endlich kam es zu einem kleinen Haus, daraus guckte eine alte Frau. Weil sie aber so große Zähne hatte, ward dem Mädchen angst, und es wollte fortlaufen. Die alte Frau aber rief ihm nach: „Was fürchtest du dich, liebes Kind? Bleib bei mir! Wenn du alle Arbeit im Hause ordentlich tun willst, so soll dir's gut gehen. Du mußt nur achtgeben, daß du mein Bett gut machst und es fleißig aufschüttelst, daß die Federn fliegen; dann schneit es nämlich in der Welt. Ich bin die Frau Holle." Als die Alte ihm so zusprach, faßte sich das Mädchen ein Herz, willigte ein und übernahm den Dienst. Es besorgte auch alles zu Frau Holles Zufriedenheit und schüttelte ihr das Bett immer gewaltig auf, daß die Federn wie Schneeflocken umherflogen. Dafür hatte es auch ein gutes Leben bei ihr, bekam kein böses Wort, dagegen alle Tage Gesottenes und Gebratenes.

Das Mädchen war eine Zeitlang bei Frau Holle, da ward es traurig. Anfangs wußte es selbst nicht, was es war, das ihm fehlte; endlich merkte es, daß es Heimweh hatte. Ob es ihm hier gleich vieltausendmal besser ging als bei seiner Mutter und Schwester, hatte es doch Verlangen dahin. Endlich sagte es zu Frau Holle: „Ich habe großes Heimweh bekommen, und wenn es mir hier auch noch so gut geht, kann ich doch nicht länger bleiben; ich muß wieder hinauf zu den Meinigen." Frau Holle sagte: „Es gefällt mir, daß du wieder nach Hause verlangst, und weil du mir so treu gedient hast, will ich dich selbst wieder hinaufbringen." Sie nahm das Mädchen darauf bei der Hand und führte es vor ein großes Tor. Das Tor ward aufgetan, und als das Mädchen gerade darunter stand, fiel ein gewaltiger Goldregen, und alles Gold blieb an ihm hängen, so daß es über und über davon bedeckt war. „Das sollst du haben, weil du so fleißig gewesen bist", sprach Frau Holle und gab ihm auch die Spule wieder, die ihm in den Brunnen gefallen war. Darauf ward das Tor verschlossen, und das Mädchen befand sich oben auf der Welt, nicht weit von seiner Mutter Haus. Als es in den Hof kam, saß der Hahn auf dem Brunnen und rief:

> „Kikeriki,
> unsere goldene Jungfrau ist wieder hie!"

Da ging es hinein zu seiner Mutter, und weil es so mit Gold bedeckt ankam, ward es von ihr und der Schwester gut aufgenommen.

Das Mädchen erzählte alles, was ihm begegnet war, und als die Mutter hörte, wie es zu dem großen Reichtum gekommen war, wollte sie der häßlichen und faulen Tochter gerne dasselbe Glück verschaffen. Sie mußte sich an den Brunnen setzen und spinnen. Und damit ihre Spule blutig ward, stach sie sich in den Finger und stieß die Hand in die Dornhecke. Dann warf sie die Spule in den Brunnen und sprang selber hinein. Sie kam, wie die andere, auf die schöne Wiese und ging auf demselben Pfad weiter. Als sie zu dem Backofen gelangte, schrie das Brot wieder: „Ach, zieh mich 'raus, zieh mich 'raus! Sonst verbrenn' ich; ich bin schon längst ausgebacken." Die Faule aber antwortete: „Da hätt' ich Lust, mich schmutzig zu machen!" und ging fort. Bald kam sie zu dem Apfelbaum, der rief: „Ach, schüttel mich, schüttel mich! Wir Äpfel sind alle miteinander reif." Sie antwortete aber: „Du kommst mir recht! Es könnte mir einer auf den Kopf fallen", und ging weiter. Als sie vor der Frau Holle Haus kam, fürchtete sie sich nicht, weil sie von ihren großen Zähnen schon gehört hatte, und verdingte sich gleich bei ihr. Am ersten Tag tat sie sich Gewalt an, war fleißig und folgte der Frau Holle, wenn diese ihr etwas sagte, denn sie dachte an das viele Gold, das sie ihr schenken würde. Am zweiten Tag aber fing sie schon an zu faulenzen, am dritten noch mehr; da wollte sie morgens gar nicht aufstehen. Sie machte auch der Frau Holle das Bett nicht, wie sich's gebührte, und schüttelte es nicht, daß die Federn aufflogen. Da bekam Frau Holle bald genug und sagte ihr den Dienst auf. Die Faule war das wohl zufrieden und meinte, nun werde der Goldregen kommen. Frau Holle führte sie auch zu dem Tor. Als das Mädchen darunter stand, ward aber statt des Goldes ein großer Kessel voll Pech ausgeschüttet. „Das ist zur Belohnung deiner Dienste", sagte Frau Holle und schloß das Tor zu. Da kam die Faule heim, aber sie war ganz mit Pech bedeckt, und als sie der Hahn auf dem Brunnen sah, rief er:

> „Kikeriki,
> unsere schmutzige Jungfrau ist wieder hie!"

Das Pech aber blieb fest an ihr hängen und wollte, solange sie lebte, nicht abgehen.

From Grimm's *Kinder- und Hausmärchen*, 1812–1815.

 C. Erklären Sie die Verwandtschaftsbeziehungen im Text. Vervollständigen Sie die Sätze.

1. Eine Witwe ist _____.

2. Die Witwe lebt mit zwei Töchtern. Die eine ist ihre _____

   _____, daher hat sie sie viel lieber.

3. Die andere ist ihre Stieftochter. Das bedeutet, sie ist die Tochter von

   _____. Sie muss die ganze Hausarbeit machen.

D. Verstehen Sie alle Wörter? Was passt zusammen?

1. ____ die Spule
2. ____ schelten (schalt)
3. ____ Acht geben
4. ____ einwilligen
5. ____ die Meinigen
6. ____ gewaltig
7. ____ folgen
8. ____ das Pech

a. aufpassen
b. ja sagen
c. meine Familie
d. stark
e. schwarze Ölmasse, die beim Straßenbau verwendet wird
f. ein Holzgerät zum Wollespinnen
g. schimpfen
h. hören auf

E. Töchter. Vergleichen Sie das Verhalten der Stieftochter mit dem der „rechten Tochter". Machen Sie sich kurze Notizen.

	DIE STIEFTOCHTER	DIE RECHTE TOCHTER
a. zu Hause		
b. am Brunnen		
c. am Backofen		
d. am Apfelbaum		
e. bei Frau Holle		

F. Frau Holle macht ihr Bett. Wenn es schneit, sagen noch heute manche deutsche Eltern zu ihren Kindern: „Frau Holle macht ihr Bett." Erklären Sie das.

_____

_____

_____

_____

Schreiben Sie!

G. Märchen. Märchen werden oft dazu benutzt, Kindern und Jugendlichen das „richtige"
Verhalten zu zeigen. Denken Sie an die Märchen, die Sie einmal gelesen oder gehört haben, und
beantworten Sie dann die folgenden Fragen.

1. Sollten Kinder heute Märchen lesen? Warum ja? Warum nein?

   _____

   _____

   _____

2. Machen Sie eine Liste der Figuren, die oft in Märchen vorkommen.

   _____

   _____

   _____

   _____

   _____

H. Aschenputtel. Am Anfang des Märchens „Frau Holle" wird die Stieftochter als ein
„Aschenputtel" beschrieben. Ein anderes Märchen der Gebrüder Grimm heißt „Aschenputtel".
Sie kennen es sicher. Schreiben Sie eine Zusammenfassung des Märchens „Aschenputtel" und
vergleichen Sie es mit der Zusammenfassung Ihrer Kollegen in der Klasse. Schreiben Sie 10–15 Sätze.

_____

_____

_____

_____

_____

_____

_____

_____

_____

_____

_____

_____

_____

I. Vergleichen Sie! Erklären Sie die Unterschiede zwischen Ihrer Zusammenfassung und denen Ihrer Kollegen. Warum gibt es so viele verschiedene Versionen von Märchen? Was denken Sie?

_____

_____

_____

_____

_____

_____

_____

_____

_____

_____

_____

_____

_____

_____

_____

_____

_____

_____

_____

_____

_____

_____

_____

_____

_____

_____

_____

_____

_____

ARBEIT UND WIRTSCHAFT

VIDEOTHEK

 A. Wirtschaft in Deutschland. Anja, Gürkan und Erika sprechen über ihre Berufe.

SCHRITT 1: Hören Sie zu und ordnen Sie die Aussagen den Personen zu. Schreiben Sie A für Anja, G für Gürkan oder E für Erika.

Anja

Gürkan

Erika

1. ____ Ich habe mich 1988 mit zwei anderen Studenten selbstständig gemacht.

2. ____ Ich bin eine Malerin.

3. ____ Ich arbeite als Deutschlehrerin am Goethe-Institut.

4. ____ Um Maler zu werden, bin ich eben zu einer Kunstschule gegangen.

5. ____ Und ich habe diese Stelle gefunden, weil ich einen Vortrag über Wolf Biermann gehalten habe.

6. ____ Wir hatten damals ein Reisebüro gegründet.

7. ____ Und jeden Morgen fahre ich mit dem Auto in mein Atelier und male den ganzen Tag lang.

SCHRITT 2: Beantworten Sie nun mündlich die Fragen, die Sie hören, mit Hilfe Ihrer Antworten in Schritt 1.

1. . . .   2. . . .   3. . . .   4. . . .   5. . . .

 B. Das Wirtschaftswunder. Kreuzen Sie an, welche Probleme der Professor erwähnt.

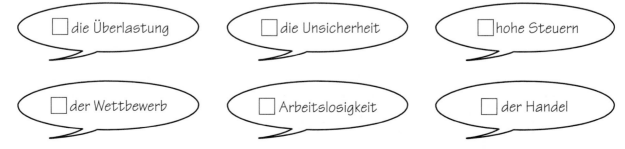

☐ die Überlastung   ☐ die Unsicherheit   ☐ hohe Steuern

☐ der Wettbewerb   ☐ Arbeitslosigkeit   ☐ der Handel

C. Arbeit und Wirtschaft nach dem Krieg. Sie hören jetzt einen Text über die Nachkriegswirtschaft in Deutschland. Hören Sie zu und kreuzen Sie das Jahrzent an, in dem das passierte.

	50ER	60ER	70ER	80ER	90ER
1. Die ___ Jahre sind die Jahre des wirtschaftlichen Aufschwungs in Deutschland.	☐	☐	☐	☐	☐
2. Viele mussten in eine andere Stadt ziehen, um eine neue Arbeit zu finden.	☐	☐	☐	☐	☐
3. Die Zahl der Arbeitsplätze in der Industrie nimmt ab.	☐	☐	☐	☐	☐
4. Die Zahl der Arbeitslosen steigt in den ___ Jahren weiter an.	☐	☐	☐	☐	☐
5. In den ___ Jahren wird der millionste Volkswagen hergestellt.	☐	☐	☐	☐	☐
6. In den ___ Jahren waren in der Bundesrepublik fast zwei Millionen Menschen arbeitslos.	☐	☐	☐	☐	☐
7. In den ___ Jahren werden viele neue Maschinen eingesetzt.	☐	☐	☐	☐	☐
8. Neue Kommunikationstechniken und Computer verändern die Arbeit und das Leben der Menschen.	☐	☐	☐	☐	☐

D. Berufswandel. Hören Sie zu und nummerieren Sie die Aussagen in der Reihenfolge, in der Sie sie hören.

a. ____ Aber in modernen Zeiten müssen sie sich auch anpassen.

b. ____ Je länger man in einer Firma arbeitet, desto mehr Geld kann man erhalten, wenn man berentet ist.

c. ____ In Österreich ist es sehr untypisch, den Beruf drei bis sieben Mal zu wechseln.

d. ____ Erst mal wählen die Jugendlichen, die ich kenne, nicht direkt einen bestimmten Beruf sondern zur Zeit eher Berufsfelder.

e. ____ Traditionell ändern die Schweizer ihre Berufe eher selten.

f. ____ Man übt diesen Beruf für die nächsten 30 bis 50 Jahre aus.

g. ____ Durch die Globalisierung und durch diese neue Art der Wirtschaft ist es ja so, dass man nicht mehr einen Beruf wählt, . . . sondern dass man eher sehr mobil sein muss.

h. ____ Und es wäre für viele dumm, alle fünf Jahre in einer neuen Firma zu arbeiten.

© 2000 WGBH Educational Foundation and CPB

E. Hilfe für Arbeitslose. Ein Arbeitsloser geht zur Arbeitsvermittlung.

SCHRITT 1: Stoppen Sie die Kassette oder CD und lesen Sie die Fragen unten.

SCHRITT 2: Hören Sie sich den Text an und machen Sie sich Notizen zu den Fragen.

SCHRITT 3: Beantworten Sie die Fragen mündlich.

1.	Wo arbeitet die Arbeitsvermittlerin Monika Schneider?
2.	Wie lange ist Herr Weinart, ein Elektromeister, schon arbeitslos?
3.	Kann er in Köln eine Stelle finden?
4.	Was ist die einzige Möglichkeit für ihn?
5.	Warum kann er sich noch nicht entscheiden?

F. Wirtschaft im Wandel. Sie lesen drei Aussagen über das Wirtschaftswunder in Deutschland. Welches Bild passt? Nummerieren Sie die Bilder.

a. ____   b. ____   c. ____

1. Viele Deutsche arbeiteten in den 50er Jahren in der Automobilindustrie.
2. Viele Familien kauften sich in den 50er Jahren den ersten Kühlschrank.
3. Nach dem Krieg arbeitete man an der Autobahn.

VOKABELN

A. Stimmt das oder stimmt das nicht? Sie hören einen Kommentar zum Thema Wirtschaft in Deutschland. Hören Sie zu und kreuzen Sie die richtige Antwort an. Sie hören den Text zweimal.

		JA	NEIN
1.	Im Osten gibt es mehr Arbeitslose als im Westen.	☐	☐
2.	Neue Kenntnisse sind heute unentbehrlich.	☐	☐
3.	Die heutigen Jugendlichen erlernen nur einen Beruf.	☐	☐
4.	Der Bewerber für den Kölner Betrieb braucht keine Berufserfahrung.	☐	☐
5.	Felix Klein hat sein eigenes Geschäft gegründet.	☐	☐

B. Toni Walter hat vor zwei Jahren seine Stelle verloren. Seitdem ist er arbeitslos. Er spricht über seine Situation. Hören Sie Toni zu und machen Sie sich Notizen zu den Fragen unten. Sie hören den Text zweimal. Beantworten Sie die Fragen mündlich, wenn Sie sie hören.

1.	Wo hat Toni gearbeitet?
2.	Wie lange ist er schon arbeitslos?
3.	Wer macht jetzt seine Arbeit?
4.	Was macht Toni jetzt?
5.	Was hat man beim Arbeitsamt zu Toni gesagt?
6.	Warum will er nicht umziehen?

C. Beschreiben Sie die Berufswünsche der Leute in den Bildern. Schreiben Sie mindestens zwei Sätze für jedes Bild. Die Vokabeln im Kasten sollen ihnen helfen. Sie können auch andere Wörter benutzen.

MODELL: Mareike

anstrengend
Mathematik
Ferien
Lehrerin
studiert

MODELL: Mareike studiert Mathematik. Sie will Lehrerin werden. Der Beruf ist anstrengend, aber sie hat auch oft Ferien.

1. Stefanie

Städte   plant
mathematische
Kenntnisse
Architektin
    erfordert

1. _____
   _____
   _____
   _____

2. Paul

Medizin
    studiert
Arzt
    selbstständig
arbeiten

2. _____
   _____
   _____
   _____

3. Karla

Reporterin
    Fernsehen
kritisch denken
Möglichkeit
    reisen

3. _____
   _____
   _____
   _____

STRUKTUREN

Comparatives

 A. Vergleiche. Sie hören sechs Aussagen über Frau Pfleger, Herrn Braun und ihre Häuser. Ergänzen Sie die Tabelle mit den Adjektiven im Komparativ.

	Frau Pfleger	**Herr Braun**
Haus		_größer_
Garten		
Tomaten		
Hund		
Möbel		
Garage		

 B. Alban und Thomas. Sie hören Aussagen über Alban und Thomas. Schreiben Sie die Grundformen der Adjektive in die linke Spalte und die Komparativformen in die rechte Spalte.

GRUNDFORM   KOMPARATIVFORM

1. _viel_   _mehr_
2. _____   _____
3. _____   _____
4. _____   _____
5. _____   _____
6. _____   _____
7. _____   _____

 C. Fragen über Fragen. Sie kommen in eine neue Schule und die Klassenkameraden sind sehr neugierig. Hören Sie zu und antworten Sie mit Hilfe der Informationen unten.

Sie hören: Was schmeckt dir besser: Tee oder Limonade?
Sie lesen: Tee
Sie sagen: Tee schmeckt mir besser als Limonade.
Sie hören: Tee schmeckt mir besser als Limonade.

1. zu Hause
2. ich
3. Bücher lesen
4. ins Theater
5. klassische Musik

D. Zwei Restaurants. Vergleichen Sie die beiden Speisekarten, dann hören Sie zu und beantworten Sie die Fragen über die Restaurants.

Sie hören: In welchem Lokal gibt es billigeren Schweinebraten?
Sie sagen: Im Restaurant Meier gibt es billigeren Schweinebraten.
Sie hören: Im Restaurant Meier gibt es billigeren Schweinebraten.

Restaurant Meier Tageskarte	
Schweinebraten mit Knödel und Salat	DM 17,80
Holzfällersteak (200 g) mit Pommes frites	DM 16,80
Gemüselasagne mit kleinem Salat	DM 13,50
Kleines gemischtes Eis	DM 6,80

Restaurant Müller Tageskarte	
Schweinebraten mit Knödel und Salat	DM 19,80
Holzfällersteak (250 g) mit Pommes frites	DM 16,80
Gemüselasagne mit kleinem Salat	DM 12,50
Großes gemischtes Eis	DM 8,80

1. . . .   2. . . .   3. . . .

E. Vorher und nachher. Sie sind in eine neue Wohnung gezogen und Ihre Freunde wollen wissen, wie sie ist. Hören Sie zu und beantworten Sie die Fragen.

Sie hören: Früher hast du eine große Wohnung gehabt.
Sie sagen: Jetzt habe ich eine größere Wohnung.
Sie hören: Jetzt habe ich eine größere Wohnung.

1. . . .   2. . . .   3. . . .   4. . . .

F. Freizeitbeschäftigungen. Schreiben Sie Vergleiche mit **(nicht) so . . . wie** und den Adjektiven aus dem Kasten.

MODELL: ein Theaterabend / ein Kinoabend →
Ein Theaterabend ist so interessant wie ein Kinoabend.
oder Ein Theaterabend ist nicht so interessant wie ein Kinoabend.

1. eine Fahrradtour / eine Zugreise

_____

_____

2. Tennis spielen / Golf spielen

_____

_____

3. Briefmarken sammeln / Musik hören

_____

schnell anstrengend
sicher romantisch
interessant günstig
teuer
gut langweilig

_____

4. ein Abend mit Freunden / ein Abend allein

_____

5. ein Essen zu Hause / ein Essen im Restaurant

_____

G. Alles wird anders. Schreiben Sie Sätze mit dem Komparativ.

MODELL: Das Wetter ist schlecht. →Das Wetter wird immer schlechter.

1. Die Steuern sind hoch. _____

2. Mit dem Flugzeug fliegen ist teuer. _____

3. Im Sommer ist es heiß. _____

4. Im Winter ist es kalt. _____

H. Im Kaufhaus. Sie sind Verkäufer oder Verkäuferin in einem Kaufhaus und möchten genauere Informationen von Ihren Kunden. Schreiben Sie Fragen mit dem Komparativ.

MODELL: der Mantel: hell / dunkel →
Möchten Sie den helleren oder den dunkleren Mantel?

1. der Sakko: lang / kurz

_____

2. die Mütze: groß / klein

_____

3. die Schuhe: leicht / schwer

_____

Superlatives

 I. Das Beste in München. Touristen fragen Sie, wo man verschiedene Sachen finden kann. Hören Sie zu und beantworten Sie die Fragen im Superlativ mit Hilfe der Informationen unten.

Sie hören: Was gibt es auf dem Viktualienmarkt?

 Sie lesen: das Obst und Gemüse: gut

Sie sagen: Da gibt es das beste Obst und Gemüse.

Sie hören: Da gibt es das beste Obst und Gemüse.

1. der Biergarten: groß
2. die Gemälde: schön
3. die Geschäfte: teuer
4. das Glockenspiel: alt
5. die Studenten: klug
6. der Turm: hoch
7. der Leberkäs: gut

J. Auf der Post. Vergleichen Sie die Leute und Sachen miteinander. Schreiben Sie Sätze in der Komparativ- oder der Superlativform. Benutzen Sie die Adjektive **klein** und **groß**.

MODELLE: der Hund von Herrn Behn / der Hund von Kerstin →

             Der Hund von Herrn Behn ist kleiner als der Hund von Kerstin.

   oder: Der Hund von Kerstin ist größer als der Hund von Herrn Behn.

             der Hund von Herrn Behn →Der Hund von Herrn Behn ist am kleinsten.

1. Frau Stimmel / Herr Behn _____

_____

2. das Paket von Claudia Meyer / das Paket von Herrn Behn _____

_____

3. Kerstin / Alex _____

4. das Paket von Frau Stimmel _____

5. Anni _____

K. Kleine Landeskunde. Ergänzen Sie die Lücken mit der Superlativform der Adjektive in Klammern und achten Sie dabei auch auf die richtigen Endungen!

1. Der _____ Berg Deutschlands ist die Zugspitze. (hoch)

2. Der _____ Fluss Deutschlands ist der Rhein. (lang)

3. Der _____ Wein Deutschlands kommt aus Rheinland-Pfalz. (viel)

4. Berlin ist die _____ Stadt Deutschlands. (groß)

5. Frankfurt hat den _____ Flughafen in Deutschland. (groß)

6. Bremen ist das _____ Bundesland Deutschlands. (klein)

Verbs as Adjectives; Participial Constructions; Extended Modifiers

L. Das Partizip Präsens. Beschreiben Sie, was Sie sehen, und verwenden Sie dabei Adjektive, die vom Partizip Präsens abgeleitet werden.

1.   2.   3.

1. Das ist ein _____ *schlafender* _____ Mann.

2. Das sind _____ Kinder.

3. Das ist ein _____ Auto.

M. Das Partizip Perfekt. Schreiben Sie die Sätze um und verwenden Sie dabei Adjektive, die vom Partizip der Vergangenheit abgeleitet werden.

MODELL: das Essen ist frisch gekocht → das frisch gekochte Essen

1. die Zahl der Arbeitslosen ist gestiegen

   _____

2. die Jeans sind frisch gewaschen

   _____

3. der Zug nach München ist auf Gleis drei bereitgestellt

   _____

4. das Schnitzel ist in Butter gebraten

   _____

PERSPEKTIVEN

• •

Hören Sie zu!

A. Eine Ahnung von Tuten und Blasen. Was fehlt? Hören Sie zu und ergänzen Sie die Lücken.

„Musik machen ist _____[1] als Musik hören", hat einmal der große deutsche

Komponist Paul Hindemith gesagt. Was ist es erst, wenn man auch noch die Instrumente selber

bauen kann? Dieser _____[2] ist selten geworden, aber—wie kann es schon anders

sein—im Musikantenland geht noch ein Mann diesem Handwerk nach.

Über der Haustür hängt eine Miniaturtrompete. Sie zeigt, dass in diesem Haus musikalische

_____[3] wohnen. Steigt der Besucher ein paar Stufen hinab, befindet er sich in der

Werkstatt von Horst Molter. Er ist der einzige Blechblasinstrumentenbauer in der Region. Er

_____[4] heute noch Trompeten und Tuben in Handarbeit her.

1947 begann er mit vierzehn Jahren seine Lehre in einem Musikgeschäft in Kaiserslautern. Zu

dieser Zeit gab es drei oder vier Betriebe in jeder Stadt, wo man diesen Beruf lernen konnte. Nach

seiner Gesellenprüfung _____[5] der Blechblasinstrumentenbauer in Landau und

Würzburg. 1956 wanderte er nach Amerika aus und arbeitete neun Jahre lang in der Weltstadt New

York. In Amerika lernte er auch seine Frau kennen. 1965 zog es Horst Molter wieder zurück in die

_____,[6] zunächst nach Frankfurt, wo er seine Meisterprüfung absolvierte. 1974 zog

er dann nach Mackenbach und eröffnete ein Geschäft.

Zu seinen _____[7] gehören heute Berufs- und Amateurmusiker aus ganz

Deutschland. Sie besuchen den 65-Jährigen in seiner Werkstatt, wo sie die Instrumente ausprobieren

können. An seine Rente denkt Horst Molter noch lange nicht. Dafür macht er die

_____[8] zu gern.

B. Fragen zum Text. Schauen Sie sich den Text in Aktivität A an und beantworten Sie dann die
Fragen, die Sie hören.

1. . . .   2. . . .   3. . . .   4. . . .   5. . . .   6. . . .   7. . . .

C. Stimmt das oder stimmt das nicht? Was Sie wissen sollten, wenn Sie Arbeit suchen. Hören Sie zu und kreuzen Sie die richtige Antwort an.

		JA	NEIN
1.	Es gibt rund 365 Ausbildungsberufe.	☐	☐
2.	Informationsberufe sind Zukunftsberufe.	☐	☐
3.	Medienberufe haben keine Chancen.	☐	☐
4.	Die Metall- und Elektroindustrien haben Zukunft.	☐	☐
5.	Die Chemieindustrie ist veraltet.	☐	☐
6.	Wer Arbeit haben will, muss immer weiter lernen.	☐	☐
7.	Ein Beruf ist gut für's ganze Leben.	☐	☐

Lesen Sie!

D. Zum Thema. Haben Sie schon einmal eine Stelle gesucht? Welche Strategien kann man benutzen, um eine Stelle zu finden? Schreiben Sie vier Strategien.

MODELL: Man kann die Zeitung lesen.

1. _____

_____

_____

2. _____

_____

3. _____

_____

4. _____

_____

In Deutschland ist es sehr schwer, eine Stelle zu bekommen. Sie lesen jetzt 10 Tipps für Stellenbewerber.

Wortschatz zum Lesen	
die Fachzeitschrift	*trade journal*
der Papierkorb	*wastebasket*
mehrmals	*several times*
das Praktikum	*internship*

10 Tipps für Bewerber—exklusiv vom Personalchef einer Computerfirma

1. Lesen Sie die Artikel im Wirtschaftsteil der Zeitung. Welche Firmen sind erfolgreich? Welche Qualifikationen werden gesucht?
2. Schreiben Sie Ihre eigenen Stellenanzeigen mit originellem Text für Fachzeitschriften und Tageszeitungen. Solche Anzeigen werden von Personalchefs gelesen.
3. Ihre Bewerbungsformulare müssen perfekt sein. Formulare mit Fehlern landen im Papierkorb.
4. Rufen Sie bei den Firmen an. Trainieren Sie aber zuerst. Rufen Sie bei 10 Firmen an, für die Sie sich *nicht* interessieren. Dann rufen Sie bei einer Firma an, bei der Sie gern arbeiten möchten. Eine gute Zeit für einen Anruf: Freitags am späten Vormittag, weil sich dann alle auf das Wochenende freuen.
5. Reden Sie mit Menschen, die bei Ihrer Wunschfirma arbeiten.
6. Benutzen Sie die gleichen Bewerbungsformulare nicht mehrmals. Das sieht man!
7. Laden Sie Experten zu sich in die Schule oder ins Jugendzentrum ein.
8. Studieren oder lernen Sie das, was Ihnen Spaß macht.
9. Nutzen Sie jede Art von Beziehungen aus. Stellen werden heute oft „unter der Hand" vergeben.
10. Versuchen Sie, Kontakte zu Firmen aufzubauen, zum Beispiel durch Ferienarbeit, Praktika oder Aushilfearbeiten.

 E. Lesen Sie die folgenden Gespräche. Zu welchen Tipps passen sie?

a. ____

VALENTIN: Du, Claudia, weißt du, was wir morgen in Deutsch machen?
CLAUDIA: Mensch, hast du das schon vergessen? Morgen kommt doch Herr Becker, der Chef von Quantum, und hält einen Vortrag über Bewerbungen.

b. ____

MUTTER: Also hör mal, du bist jetzt schon eine Stunde am Telefon, was machst du denn bloß? Rufst du wieder bei Michelle an?
TOCHTER: Ich rufe bei verschiedenen Firmen an und erkundige mich nach Jobs.

c. ____

CHRISTIAN: Onkel Klaus, du kennst doch den Chef vom Ingenieurbüro Seibel?
ONKEL KLAUS: Ja sicher, kenne ich den. Wir waren zusammen im Gymnasium. Warum fragst du?
CHRISTIAN: Ich wäre interessiert an einer Stelle dort im Büro. Die Firma hat einen guten Ruf.
ONKEL KLAUS: Wenn du willst, rufe ich bei ihm an und arrangiere ein Vorstellungsgespräch für dich.
CHRISTIAN: Das wäre aber toll.

d. ____

CLARA: Was machst du denn in den Ferien?
SILKE: Ich arbeite wieder bei der Firma Baum. Das ist schon das dritte Mal. Ich glaube, die mögen mich sehr.
CLAUDIA: Meinst du, es gibt da eine Stelle für dich nach dem Studium?
SILKE: Ich glaube, die Chancen sind sehr gut.

e. ____

JOHANNES: Hallo, Frank! Hast du Lust, ins Kino zu gehen?
FRANK: Heute geht's wirklich nicht, Hannes. Ich bin gerade dabei, eine Stellenanzeige zu schreiben.
JOHANNES: Wirklich? Könnte ich vorbeikommen und mir anschauen, was du da machst?
FRANK: Aber sicher. Ich bin den ganzen Abend zu Hause.

Schreiben Sie!

 F. Lesen Sie Tipp Nummer vier noch einmal. Stellen Sie sich vor, Sie bereiten sich auf ein Telefongespräch mit einer Firma vor.

SCHRITT 1: Was fragen und sagen Sie?

1. Was wollen Sie von der Firma wissen?

    _____

    _____

    _____

    _____

2. Was wollen Sie unbedingt über sich selbst sagen?

    _____

    _____

    _____

    _____

SCHRITT 2: Jetzt rufen Sie bei der Firma an. Schreiben Sie auf, wie Ihr Gespräch mit dem Personalchef verläuft.

SIE: _____

PERSONALCHEF: _____

SIE: _____

PERSONALCHEF: _____

SIE: _____

PERSONALCHEF: _____

SIE: _____

PERSONALCHEF: _____

SIE: _____

SCHRITT 3: Üben Sie mit einem Partner und führen Sie das Telefongespräch in der Klasse vor.

FRAUEN UND MÄNNER

VIDEOTHEK

A. Daniela und Anja. In welcher Reihenfolge hören Sie die Aussagen? Nummerieren Sie sie. Sie hören den Text zweimal.

a. _____ Als Frau passt man in Öffentlichkeitsarbeit, weil dann muss man nur lachen, man muss nur nett aussehen und man muss nur die Leute betreuen.

b. _____ Einerseits war die Rolle der Frau und das Leben einer Frau in der DDR leichter und respektvoller als jetzt.

c. _____ Ich persönlich habe offene Diskriminierung als Frau nicht erlebt, nur subtil.

d. _____ Die Kinder waren im Kindergarten und in der Krippe.

e. _____ Ich denke aber auch, dass Frauen sehr hart gearbeitet haben in der DDR.

f. _____ Die Frauen hatten das Recht, zu arbeiten, sie hatten keine Probleme mit den Kindern.

g. _____ Ärztliche Behandlungen wurden von den Direktoren oder den jeweiligen Vorgesetzten akzeptiert.

B. Stimmt das oder stimmt das nicht? Claudia vergleicht Frauen in der ehemaligen DDR mit Frauen von heute. Was sagt sie? Hören Sie zu und kreuzen Sie die richtige Antwort an.

	JA	NEIN
1. Es war früher in der DDR schwieriger für Frauen als heute.	☐	☐
2. Claudia als Mutter hatte es viel besser in der DDR als heute.	☐	☐
3. In der DDR musste sich Claudia viel um die Kinder kümmern.	☐	☐
4. Heute muss man sich um alles selbst kümmern.	☐	☐
5. In der DDR wurde Claudia selbstständig erzogen.	☐	☐
6. Heute ist es so ein bisschen eine Männerwelt.	☐	☐

C. Julias Familie. Lesen Sie die Fragen unten. Hören Sie dann zu und machen Sie sich Notizen zu den Fragen. Sie hören den Text zweimal. Beantworten Sie mündlich die Fragen, die Sie lesen und hören.

Julia

Bertha

Anna

1. Seit wann durften Frauen studieren und Professoren werden?	
2. Wer ist Bertha?	
3. Seit wann durften Frauen in Deutschland wählen und Abgeordnete im Parlament werden?	
4. Wer ist Anna?	
5. Wann wurde sie geboren?	
6. Was hat sie in den 60er und 70er Jahren gemacht?	
7. Was steht heute im deutschen Grundgesetz?	

D. Im Auftrag der Frauen—Die Frauenbeauftragte Christa Piper. Hören Sie zu und schreiben Sie die richtigen Antworten ein.

Frau Meisel

Frau Piper

1. ____ Die Frauenbeauftragte kümmert sich um
   a. die Arbeitslosen.
   b. die Verbesserung von Arbeitsbedingungen.
   c. die Gedankenfreiheit.

2. ____ Frau Piper arbeitet in
   a. Aachen.
   b. Berlin.
   c. Saarbrücken.

3. ____ Frau Meisel hat ein Problem mit
   a. ihrer Arbeitszeit.
   b. ihrem Auto.
   c. dem Arbeitsamt.

4. ____ Frau Piper bemüht sich darum, dass
   a. Frau Meisel die Redefreiheit bekommt.
   b. Frau Meisel das Wahlrecht bekommt.
   c. Frau Meisels Arbeitszeiten geändert werden.

5. ____ Die Lösung ist:
   a. Frau Meisel fängt eine Stunde früher an.
   b. Frau Meisel fängt eine Stunde später an.
   c. Frau Meisel arbeitet nicht mehr und bleibt bei ihren Kindern.

E. Die Frauenbewegung. Sie lesen Aussagen über die Frauenbewegung in Deutschland. Welches Bild passt? Nummerieren Sie die Bilder.

a. ____

b. ____

c. ____

d. ____

1. Für Frauen gab es Schulen für einfache Berufe. Sophie wurde Köchin.
2. Das ist Julia. Julia arbeitet in einem Frauenbuchladen.
3. Julias Urgroßmutter Sophie konnte nicht studieren. Nur Männer durften höhere Schulen und Universitäten besuchen.
4. Julias Mutter bei einer Demonstration. Die Frauenbewegung verlangte Gleichberechtigung in allen Bereichen.

F. Julia. Julia erzählt über sich und die Frauenbewegung. Setzen Sie die passenden Wörter aus dem Kasten ein.

selbstverständlich

Urgroßmutter   Frauenbewegung

Generationen   Mutter

Engagement

Rechte

Oma   Buchhändlerin

1. Ich bin _____ in einem Frauenbuchladen.

2. Auf diese Weise kann ich mein _____ für die

   _____ mit meinem Job kombinieren.

3. Für mich ist heute vieles _____, was früher nicht selbstverständlich

   war, also z.B. überhaupt nicht für meine _____, für meine

   _____ nicht und für meine _____ auch noch nicht.

4. Für die _____ der Frauen haben _____ vor mir

   gekämpft.

G. Susannes Mutter. Susanne spricht über ihre Mutter. Verbinden Sie die passenden Satzteile.

Susanne

1. ____ Für meine Mutter war es

2. ____ Aber das sollte nicht heißen,

3. ____ Und gerade meine Mutter

4. ____ Sie ist Richterin

5. ____ Sie musste schon härter kämpfen

a. und sie wurde anfangs nicht ernst genommen.
b. hatte Schwierigkeiten.
c. als ein Mann in der Position.
d. damals schwieriger als für Frauen heute.
e. dass es jetzt für die Frauen wahnsinnig toll ist.

VOKABELN

 A. Was passt? Annika Schneider spricht über ihre Mutter und ihre Großmutter. Hören Sie zu und verbinden Sie jede Frage mit einer passenden Antwort. Sie hören den Text zweimal.

1. ____ Wo hat Käthe Niemann gearbeitet?

2. ____ Wie viele Kinder hat Käthe Niemann geboren?

3. ____ Wer hat bei den Niemanns die kleinen Geschwister betreut?

4. ____ Was hielt Käthe Niemann von der Emanzipation?

5. ____ Was hat sich Sofie Niemann erkämpft?

6. ____ Warum wollte der Großvater nicht, dass seine Tochter ein Gymnasium besucht?

7. ____ Welchen Beruf hat Sofie gewählt?

8. ____ Warum war Käthe Niemann stolz auf Sofie?

a. Die älteren Töchter haben die kleinen Kinder betreut.

b. Ihre Tochter Sofie war die Erste in der Familie, die an der Universität studiert hat.

c. Schule und Bildung sind nur für Jungen wichtig. So dachte er.

d. Sie hat auf dem Bauernhof gearbeitet.

e. Sie hatte acht Kinder.

f. Sie kämpfte für ihren Schulbesuch und für ihr Studium.

g. Sie kannte das Wort nicht.

h. Sofie wurde Ärztin.

 B. Stimmt das oder stimmt das nicht? Annika Schneider spricht über sich selbst. Hören Sie zu und kreuzen Sie die richtige Antwort an. Verbessern Sie die falschen Sätze. Sie hören den Text zweimal.

	JA	NEIN
1. Annika hat die gleiche Schule besucht wie ihr Bruder.	☐	☐
2. In der Familie von Annikas Mutter waren die ~~Jungen~~ *Mädchen* benachteiligt.	☐	☐
3. Der Großvater glaubte, Schule sei nichts für Mädchen.	☐	☐
4. Annika ist Ärztin.	☐	☐
5. Annikas Vater war Lehrer.	☐	☐
6. Annikas Eltern haben sich im Urlaub kennen gelernt.	☐	☐

C. Annika Schneiders Familie. Schauen Sie sich die Sätze in Aktivität B an und beantworten Sie mündlich die Fragen, die Sie hören.

1. . . .   2. . . .   3. . . .   4. . . .   5. . . .   6. . . .

D. Frauenrechte, Menschenrechte. Ergänzen Sie die Sätze mit Wörtern aus dem Kasten.

> Abgeordnete
>
> Gleichberechtigung
>
> Kinderkrippen
>
> Redefreiheit
>
> Wahlrecht

1. Erst seit 1918 haben Frauen in Deutschland das _____.

2. 1980 gab es nur 8,4 Prozent weibliche _____ im Bundestag.

3. In der DDR haben 90 Prozent aller Frauen gearbeitet. Es gab viele

   _____.

4. Die Frauenbewegung kämpft für die _____ der Frauen.

5. _____ bedeutet das Recht, die eigene Meinung frei äußern zu können.

E. Welche Verben passen? Es können mehrere Verben in einen Satz passen. Umkreisen Sie alle!

1. Die Redefreiheit wird in manchen Ländern
   a. unterdrückt.   b. garantiert.   c. gelöst.
2. Minoritäten werden manchmal
   a. beschimpft.   b. benachteiligt.   c. beschuldigt.
3. Nicht nur Frauen haben für die Gleichberechtigung
   a. gekämpft.   b. unterdrückt.   c. emanzipiert.
4. Eine Diskussion kann man
   a. leiten.   b. verbieten.   c. behandeln.
5. Pädagogen sagen, Kinder sollte man nicht zu sehr
   a. behüten.   b. beschimpfen.   c. lösen.

F. Was passt zusammen? Suchen Sie das richtige Satzende.

1. ____ Ich weiß nicht,
2. ____ Allein erziehende Eltern kämpfen
3. ____ Frauen besitzen erst seit diesem Jahrhundert
4. ____ In vielen Berufen sind
5. ____ Frauen in der Politik engagieren sich

a. Männer und Frauen nicht gleichgestellt.
b. worauf er hinaus will.
c. für bessere Kinderkrippen.
d. das Wahlrecht.
e. für die Gleichberechtigung.

STRUKTUREN

Indirect Discourse

 A. Direkte oder indirekte Rede? Sie hören sechs Sätze. Kreuzen Sie an, ob diese Sätze im Indikativ stehen (eine direkte Aussage) oder eine indirekt Rede (im Konjunktiv) darstellen.

	DIREKTE REDE (INDIKATIV)	INDIREKTE REDE (KONJUNKTIV)
1.	☐	☐
2.	☐	☐
3.	☐	☐
4.	☐	☐
5.	☐	☐
6.	☐	☐

 B. Wie sind diese Menschen? Sie erzählen Ihren Freunden, wie einige Menschen sich selbst beschreiben. Hören Sie zu und beantworten Sie die Fragen mit Hilfe der Informationen unten.

Sie hören: Wie ist Thomas?

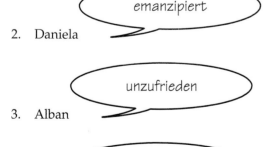
selbstständig

Sie sehen: Thomas
Sie sagen: Er sagt, er sei selbstständig.
Sie hören: Er sagt, er sei selbstständig.

rücksichtsvoll

1. Angelika und Martin

emanzipiert

2. Daniela

unzufrieden

3. Alban

gleichberechtigt

4. Janka

benachteiligt

5. Herr Schmidt

C. Stimmt das oder stimmt das nicht? Der Schauspieler Siggi Moosgruber erzählt aus seinem Leben. Hören Sie zu und kreuzen Sie die richtige Antwort an. Wenn eine Aussage nicht stimmt, verbessern Sie sie. Sie hören die Erzählung zweimal.

JA   NEIN

1. Siggi Moosgruber sagt, er sei ~~1967~~ geboren.   ☐   ☐

   1964

2. Er sagt, er habe sechs Geschwister.   ☐   ☐

3. Er erzählt, Komödien seien seine Lieblingsstücke.   ☐   ☐

4. Er sagt, er gehe gern auf Tournee, denn dann könne er viel sehen.   ☐   ☐

5. Er meint, in deutschen Theatern spiele man zu viel englische Stücke.   ☐   ☐

6. Er sagt, im deutschen Theater solle man deutsche Klassiker erleben.   ☐   ☐

7. Er sagt, er wolle gern mal den „Faust" spielen.   ☐   ☐

8. Er sagt, in den Ferien reise er am liebsten nach Italien.   ☐   ☐

9. Er erzählt, er habe Freunde auf der ganzen Welt.   ☐   ☐

10. Er glaubt, alle Menschen würden ihn hassen.   ☐   ☐

D. Die Reise nach Berlin. Sie planen mit Ihren Freunden eine Reise nach Berlin, aber viele können nicht mitkommen. Hören Sie zu und beantworten Sie die Fragen.

Sie hören: Warum kann Hanno nicht mitkommen?
Sie lesen: Hanno muss zu Hause bleiben.
Sie sagen: Hanno sagt, er müsse zu Hause bleiben.
Sie hören: Hanno sagt, er müsse zu Hause bleiben.

1. Natascha hat nicht so viel Geld.
2. Klaus und Irene wollen lieber zu Hause bleiben.
3. Brigitta kann keinen Babysitter finden.
4. Drago soll auf seinen kleinen Bruder aufpasssen.
5. Alessandra und Jürgen haben keine Lust.
6. Kirsten will lieber nach Leipzig fahren.

E. Was lesen Sie im Urlaub gern? Diese Frage stellte ein Reporter zwei Deutschen. Lesen Sie die Texte und beantworten Sie dann die Fragen unten in der indirekten Rede.

Dorothea Gawollek (Rentnerin):

Ich war letztes Jahr in Kur, da kann ich mir in diesem Jahr keinen Urlaub leisten. Ich bin zwar nicht mehr berufstätig, aber ich helfe meinen Kindern im Haushalt und habe viel im Garten zu tun. Da bleibt kaum noch Zeit für ein Buch. Wenn ich doch mal lese, dann meistens geographische oder geschichtliche Bücher über meine Heimat Schlesien. Außerdem schaue ich ab und zu ins Lokalblättchen. Das borge ich mir dann von der Nachbarin.

Burkhard Priebe (Bankkaufmann):

Nichts. Höchstens mal den Sportteil der BILD-Zeitung. Ich muß sehr viel aus beruflichen Gründen lesen: F.A.Z., allgemeinbildende Lektüre. Da will ich mich im Urlaub ausschließlich entspannen. Und zu Hause habe ich viel zuwenig Zeit, denn ich bin ziemlich stark in zwei Vereinen engagiert. Wenn ich dann trotzdem noch mal hin und wieder ein Buch dazwischenschiebe, dann nur Leichtes: einen Krimi, einen Wildwestroman oder sonst was in der Art.

MODELL: Was macht Frau Gawollek während des Tages? →
Sie sagt, sie helfe ihren Kindern im Haushalt und habe viel im Garten zu tun.

1. Was liest sie?

   _____

2. Wie bekommt sie das Lokalblättchen?

   _____

3. Warum liest Herr Priebe nichts im Urlaub?

   _____

4. Was will er im Urlaub machen?

   _____

5. Warum hat er zu Hause wenig Zeit zu lesen?

   _____

6. Was liest er, wenn er Zeit hat?

   _____

F. Daniela. Daniela erzählt Ihnen von ihrem gestrigen Tagesablauf und Sie erzählen es Ihren Freunden weiter. Schreiben Sie zu jedem Bild einen Satz in der indirekten Rede der Vergangenheit.

1. _Daniela sagt, sie sei um acht Uhr aufgestanden._

2. _____

3. _____

4. _____

5. _____

6. _____

7. _____

8. _____

9. _____

10. _____

Indirect Questions

G. Im Restaurant. Sie arbeiten in einem Restaurant und Ihre Gäste haben viele Fragen. Sie erzählen einem Kollegen, was die Leute alles wissen wollen.

Sie hören: Was fragt der Mann mit der blauen Krawatte?
Sie lesen: Ist das Gemüse auch frisch?
Sie sagen: Er fragt, ob das Gemüse auch frisch sei.
Sie hören: Ach so, er fragt, ob das Gemüse auch frisch sei.

1. Wie viel kostet die Tagesspezialität?

2. Wie groß sind die Steaks?

3. Warum gibt es keine vegetarischen Gerichte?

4. Kann ich mit Kreditkarte zahlen?

5. Wo sind die Toiletten?

6. Ist die Bedienung hier immer so freundlich?

7. Haben Sie auch Orangenlimonade?

H. Diskussionen an der Uni. Schreiben Sie indirekte Fragen in der indirekten Rede.

MODELL: Die Professorin fragt: „Wann ist die Frauenbewegung gegründet worden?" →
Die Professorin fragt, wann die Frauenbewegung gegründet worden sei.

1. Eine Studentin fragt: „Gibt es eigentlich eine richtige Gleichberechtigung im Uni-Leben?"

_____

_____

2. Ein Student will wissen: „Warum hat die Universität keine Kinderkrippe?"

_____

_____

3. Ein Professor fragt: „Wer hat heute schon einmal über Gedankenfreiheit nachgedacht?"

_____

_____

4. Die Studenten wollen wissen: „Haben nur die Professoren Redefreiheit?"

_____

_____

5. Eine Professorin fragt: „Was ist der Hintergrund der deutschen Geschichte nach 1945?"

_____

_____

Imperatives

I. Imperativ. Hören Sie zu und formulieren Sie Sätze im Imperativ.

Sie hören: du / mitkommen
Sie sagen: Komm mit!
Sie hören: Komm mit!
1. ...   2. ...   3. ...   4. ...   5. ...   6. ...

J. Der Abschied. Sie machen eine lange Reise und verabschieden sich von Ihren Freunden und Bekannten. Schreiben Sie Sätze im Imperativ.

MODELL: Sie / mir doch mal schreiben → Schreiben Sie mir doch mal!

1. du / nicht traurig sein _____

2. ihr / mich nicht vergessen _____

3. du / mich mal besuchen kommen _____

4. Sie / versprechen, nicht zu viel zu arbeiten _____

K. Was tun? Ihre Freunde und Bekannten beschweren sich. Sagen Sie ihnen, was sie tun sollten. Bilden Sie Imperativsätze mit Hilfe der im Kasten aufgeführten Wörter.

MODELL: Alban: „Ich habe Kopfschmerzen." → Nimm doch zwei Aspirin.

> sich diese Jacke anziehen   mehr schlafen
>
> etwas früher losfahren
>
>   das Fenster aufmachen
>
> mit dem Bus fahren   ~~zwei Aspirin nehmen~~

1. Herr Schmidt: „Ich bin immer so müde."

   _____

2. Janka: „Hier ist es warm."

   _____

3. Angelika und Martin: „Wir kommen immer zu spät."

   _____

4. Thomas: „Mir ist es kalt."

   _____

5. Daniela: „Mein Auto ist kaputt."

   _____

PERSPEKTIVEN

•••

Hören Sie zu!

A. Ein Flugblatt aus einem Frauenbuchladen. Was fehlt? Hören Sie zu und ergänzen Sie die Lücken.

Liebe Frauen und andere Interessierte,

in unserem Buchladen wollen wir darüber informieren, wie Frauen ihre

_____[1] in Berufs- und Privatleben erkennen und dann auch verändern

können. Besonders in westlichen Ländern haben heute Frauen fast unbegrenzte Möglichkeiten, sich

selbst zu _____.[2] Warum tun sie es so oft aber nicht?

Seit Jahren haben wir uns darüber geärgert und beklagt, wie Frauen _____[3]

werden und was „frau" sich so alles gefallen lassen muss. Inzwischen sind viele von uns davon

überzeugt, dass unkritisches Verhalten und Gleichgültigkeit von Frauen oft an diesen vielen

Ungerechtigkeiten schuld sind und sie durch ihre Schweigsamkeit und Passivität sogar

_____.[4] Wir dürfen nicht vergessen,

• dass Frauen nur einen Bruchteil des Gesamtvermögens Deutschland besitzen.

• dass viele Frauen immer noch in schlecht bezahlten Berufen arbeiten und bei gleicher Leistung

noch viel zu oft _____[5] als Männer verdienen.

• dass Frauen oftmals einer Mehrfachbelastung durch Beruf, Kinder und Haushalt ausgeliefert sind.

• dass sogar _____[6] im Durchschnitt acht Mark weniger Taschengeld pro Monat

bekommen als Jungen.

• dass auch Eltern, Lehrerinnen und Erzieherinnen, die sich für _____[7] gehalten

und bisher geglaubt haben, dass sie Mädchen und Jungen „gleich" erziehen, erkennen mussten,

dass sie das eigentlich nie getan haben.

• dass die meisten Frauen nicht wissen, dass _____[8] gegen Frauen verwendet

wird, um sie „sprachlos" zu machen.

• dass Gewalt mit sprachlichen Mitteln gegen Frauen ausgeübt wird und dass Frauen bei alledem

mitmachen, weil sie nonverbal dazu gezwungen werden.

Daher sollten wir uns mit anderen _____,[9] die ebenso von mangelnder

Chancengleichheit betroffen sind, solidarisch erklären, um Veränderungen voran zu bringen.

Unser nächstes Treffen findet am kommenden Samstag, den 20. Februar in unserem

_____[10] in der Arabellastraße statt. Wir freuen uns auf jeden Besuch.

B. Frageecke. Beantworten Sie die folgenden Fragen über den Frauenbuchladen und das Flugblatt.

1. Worüber will der Buchladen informieren?

   _____

2. Welche Möglichkeiten haben Frauen heute in westlichen Ländern?

   _____

3. Viele sind überzeugt, dass Frauen mit ihrer Passivität die Ungerechtigkeiten unterstützen. Argumentiert das Flugblatt dafür oder dagegen?

   _____

4. Wo arbeiten Frauen oft?

   _____

5. Was müssen Frauen außer der beruflichen Arbeit noch machen?

   _____

6. Wie viel Unterschied gibt es zwischen dem Taschengeld von Mädchen und dem Taschengeld von Jungen?

   _____

C. Zum Thema Männer- und Frauenberufe. Welche „Männer-" und „Frauenberufe" werden erwähnt? Hören Sie zu und markieren Sie M für „Männerberufe", F für „Frauenberufe" und N für „nicht erwähnt".

1. ____ Maurer/in   6. ____ Arzt/Ärztin

2. ____ Elektromechaniker/in   7. ____ Hauswirtschaftslehrer/in

3. ____ Kindergärtner/in   8. ____ Florist/in

4. ____ Damenschneider/in   9. ____ Automechaniker/in

5. ____ Sanitärmonteur/in

D. Hören Sie noch einmal zu. Wie viele Männer gibt es in diesen Berufen im Kanton Zürich?

1. Kindergärtner: _____   2. Damenschneider: _____   3. Florist: _____

E. „Umgekehrte Diskriminierung". Im Text der Aktivitäten C und D hören Sie den Ausdruck „umgekehrte Diskriminierung". Was bedeutet dieser Ausdruck? Kennen Sie Beispiele von „umgekehrter Diskriminierung"?

_____

_____

_____

_____

_____

F. Fragen zum Thema. Beantworten Sie folgende Fragen.

1. Welche Berufe sind heute immer noch vorwiegend „Männerberufe"?

   _____

   _____

2. Kennen Sie Frauen in diesen „typischen Männerberufen"? Wenn ja: welche? Erzählen Sie!

   _____

   _____

3. Was für Probleme gibt es für Frauen, die in solchen Berufen arbeiten?

   _____

   _____

Lesen Sie!

Lesen Sie jetzt den folgenden Artikel über eine Frau in einem typischen Männerberuf.

Wortschatz zum Lesen

die Einbauküche	*built-in kitchen*	der Widerstand	*resistance*
der Preis	*prize*	anerkannt	*recognized*
gefragt	*in demand*	der Bürgermeister	*mayor*

Die Mutter der modernen Einbauküche: Margarethe Schütte-Lihotsky

Frank Lloyd Wright, Mies van der Rohe und Walter Gropius—große Namen aus der Welt der Architektur, die weltbekannt sind. Kaum jemand kennt aber eine berühmte Frau aus diesem typischen Männerberuf. Im Jahre 1915 studierte Margarethe Schütte-Lihotsky als erste Frau Architektur in Wien. Schon vor ihrem Examen gewann sie Preise für ihre Pläne. Ab 1919 arbeitete sie gemeinsam mit berühmten Architekten an der Planung von über 50 000 Arbeiterwohnungen in Wien. Noch heute sind diese Wohnungen bei Mietern sehr gefragt und beliebt.

Frau Schütte-Lihotsky wurde bereits vor dem 2. Weltkrieg die bekannteste Architektin in Europa. Sie plante vor allem Wohnungen für Arbeiter. Für sie war es wichtig, die Arbeit der Hausfrau zu reduzieren—hauptsächlich die Arbeit in der Küche. Ihr Küchenplan wurde tatsächlich zum Prototyp der modernen Einbauküche. Schütte-Lihotsky hatte die Idee, eine praktische und preiswerte Küche, in Massen zu produzieren. Ab 1927 wurden 10 000 dieser Küchen in Frankfurter Arbeiterwohnungen installiert. Die „Frankfurter Küche" war das Vorbild der Schwedenküche, die noch heute beliebt ist.

In den dreißiger Jahren ging Frau Schütte-Lihotsky eine Zeit lang in die Sowjetunion. Als die Nationalsozialisten in Österreich einmarschierten, wurde sie Mitglied in der Widerstandsbewegung. Die Jahre 1940–1945 musste sie in einem Konzentrationslager verbringen. Leider wurden Schütte-Lihotskys Leistungen erst sehr spät wieder anerkannt. Im Jahre 1980 erhielt sie den Wiener Architekturpreis. Als sie 1997 100 Jahre alt wurde, feierte man ein großes Fest in Wien—sie tanzte auf dem Fest einen Walzer mit dem Wiener Bürgermeister.

G. Zum Text. Zu welchen Tatsachen passen die folgenden Daten?

1. ____ 1897
2. ____ 1915
3. ____ 1919
4. ____ 1927
5. ____ 1940–1945
6. ____ 1980
7. ____ 1997

a. Studium in Wien
b. erhielt den Wiener Architekturpreis
c. im Konzentrationslager
d. wurde geboren
e. plant Arbeiterwohnungen in Wien
f. feiert ihren 100. Geburtstag
g. entwickelt die „Frankfurter Küche"

Schreiben Sie!

H. Lebenslauf. Schreiben Sie jetzt einen tabellarischen Lebenslauf für Margarethe Schütte-Lihotsky. Ergänzen Sie die Tatsachen aus a.–g. in der Aktivität G mit zusätzlichen Informationen aus dem Text.

_____

_____

_____

_____

_____

_____

_____

_____

_____

_____

_____

_____

_____

_____

_____

_____

_____

_____

WIEDERHOLUNG 10

● ●

VIDEOTHEK

● ●

A. Ein Student aus Kamerun. Hören Sie zu und setzen Sie die fehlenden Wörter ein.

1. Guy schreibt einen _____ an seinen Bruder in Kamerun.

2. Du wunderst dich darüber, wie viel Geld ich als _____ in Deutschland habe.

3. Aber hier ist alles sehr _____.

4. Dann habe ich Robert kennen gelernt, der auch _____ studiert.

5. Seit wir gemeinsam studieren, macht mir das _____ richtig Spaß.

6. In den _____, die meist in einem großen Hörsaal sind, verstehe ich nicht immer alles.

7. Das Essen in der _____ ist viel billiger als im Restaurant.

B. Die Geschichte einer Universität. Lesen Sie die Fragen unten. Hören Sie dann zu und machen Sie sich Notizen. Schreiben Sie Antworten zu den Fragen.

1. Wie viele Studenten studieren in Heidelberg?

_____

2. Was ist ein beliebtes Studienfach?

_____

3. Wann wurde die Heidelberger Universität gegründet?

_____

4. Was waren die ersten Studienfächer?

_____

5. Welche Fächer wurden im 19. Jahrhundert zu Studienfächern? _____

_____

6. Was waren Hegel, Max Weber und Karl Jaspers von Beruf?

_____

7. Nach den 60er Jahren entstanden neue Studienbereiche. Was ist ein

Beispiel davon? _____

_____

Die Heidelberger Universität

VOKABELN

A. Stimmt das oder stimmt das nicht? Renate erzählt von der Frauenbewegung. Was sagt sie? Hören Sie zu und kreuzen Sie die richtige Antwort an.

		JA	NEIN
1.	Renates Urgroßmutter durfte an der Universität studieren.	☐	☐
2.	Erst nach 1900 durften Frauen ein Universitätsstudium aufnehmen.	☐	☐
3.	Für Frauen von heute gibt es in der Berufswelt keine Schwierigkeiten mehr.	☐	☐
4.	Seit 1918 dürfen Frauen in Deutschland wählen.	☐	☐
5.	In den 60er Jahren haben sich viele Frauen für das Wahlrecht eingesetzt.	☐	☐
6.	In der Praxis sind Frauen heute völlig gleichberechtigt.	☐	☐

B. Die Arbeitsvermittlerin Monika Schneider. Setzen Sie passende Wörter aus dem Kasten ein.

> Bewerber   Termin
> Kenntnisse
> Betrieb
> Arbeitsplatz

1. Am Montag hat Monika Schneider einen

   _____ bei einem Handelsunternehmen.

2. Welche _____ soll der Bewerber denn mitbringen?

3. Der _____ sollte nicht älter als dreißig Jahre sein.

4. Sie sagten, der Bewerber wird hier im _____ eingearbeitet.

5. Wäre es möglich, dass Sie mir den _____ zeigen?

C. Definitionen. Welche Wörter passen zu welchen Definitionen?

1. ____ etwas als Eigentum haben, Eigentümer sein
2. ____ an einem bestimmten Ort sein
3. ____ das Erlebnis
4. ____ das Hauptfach, das die deutsche Sprache, Literatur und Kultur behandelt
5. ____ das Recht, an politischen Wahlen teilzunehmen
6. ____ der Mitstudent / die Mitstudentin
7. ____ die Freiheit, die eigene Meinung zu sagen
8. ____ die Schuld an etwas geben
9. ____ erlauben
10. ____ etwas besprechen, diskutieren
11. ____ etwas noch einmal machen
12. ____ für jemanden sorgen

a. allein erziehend sein
b. beliebt
c. benachteiligen
d. beschimpfen
e. beschuldigen
f. besitzen
g. betreuen
h. das Wahlrecht
i. der Begriff
j. der Kommilitone / die Kommilitonin
k. die Erfahrung
l. die Germanistik

STRUKTUREN

A. Vergleiche. Schauen Sie sich zuerst die Bilder an. Beantworten Sie dann die Fragen, die Sie hören.

Sie hören: Wer hat ein größeres Auto?
Sie sagen: Horst hat ein größeres Auto.
Sie hören: Horst hat ein größeres Auto.

1.

2.

3.

4.

5.

6.

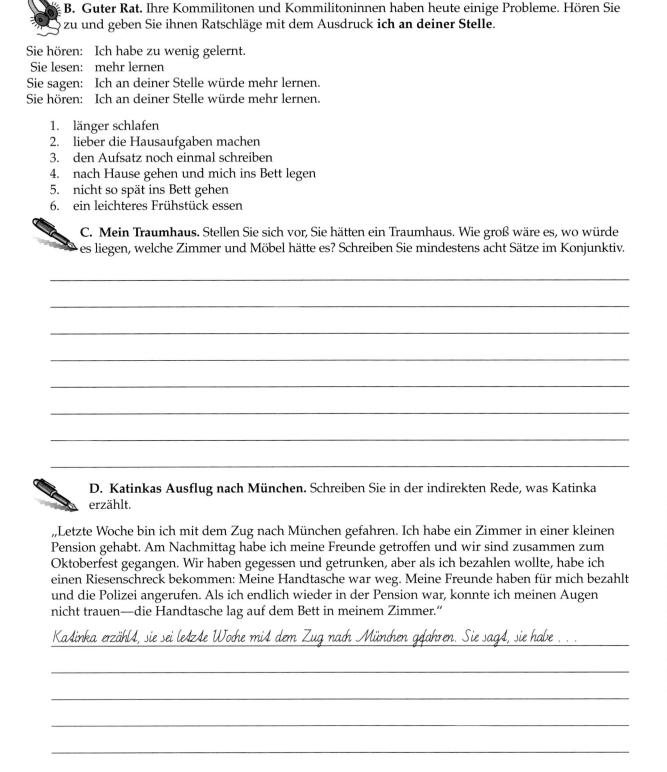

B. Guter Rat. Ihre Kommilitonen und Kommilitoninnen haben heute einige Probleme. Hören Sie zu und geben Sie ihnen Ratschläge mit dem Ausdruck **ich an deiner Stelle**.

Sie hören: Ich habe zu wenig gelernt.
Sie lesen: mehr lernen
Sie sagen: Ich an deiner Stelle würde mehr lernen.
Sie hören: Ich an deiner Stelle würde mehr lernen.

1. länger schlafen
2. lieber die Hausaufgaben machen
3. den Aufsatz noch einmal schreiben
4. nach Hause gehen und mich ins Bett legen
5. nicht so spät ins Bett gehen
6. ein leichteres Frühstück essen

C. Mein Traumhaus. Stellen Sie sich vor, Sie hätten ein Traumhaus. Wie groß wäre es, wo würde es liegen, welche Zimmer und Möbel hätte es? Schreiben Sie mindestens acht Sätze im Konjunktiv.

_____

_____

_____

_____

_____

_____

_____

D. Katinkas Ausflug nach München. Schreiben Sie in der indirekten Rede, was Katinka erzählt.

„Letzte Woche bin ich mit dem Zug nach München gefahren. Ich habe ein Zimmer in einer kleinen Pension gehabt. Am Nachmittag habe ich meine Freunde getroffen und wir sind zusammen zum Oktoberfest gegangen. Wir haben gegessen und getrunken, aber als ich bezahlen wollte, habe ich einen Riesenschreck bekommen: Meine Handtasche war weg. Meine Freunde haben für mich bezahlt und die Polizei angerufen. Als ich endlich wieder in der Pension war, konnte ich meinen Augen nicht trauen—die Handtasche lag auf dem Bett in meinem Zimmer."

Katinka erzählt, sie sei letzte Woche mit dem Zug nach München gefahren. Sie sagt, sie habe . . .

_____

_____

_____

_____

_____

_____

© 2000 WGBH Educational Foundation and CPB

KAPITEL 31

Name _____

Datum _____

Klasse _____

FREIZEIT

VIDEOTHEK

• •

 A. Die Freizeit. Vier Personen sprechen über Freizeit. Hören Sie zu und ordnen Sie die Aussagen den Bildern zu. Schreiben Sie „G" für Grace, „P" für den Professor, „K" für Klaus, oder „D" für Daniela.

     Grace   der Professor   Klaus   Daniela

1. ____ Ich persönlich lese gern.

2. ____ Also, mein Hauptinteresse ist die Musik.

3. ____ Wenn ich Freizeit habe, dann treffe ich mich sehr, sehr gerne mit meinen Freunden.

4. ____ Ich glaube, in Deutschland kann es nie genug Freizeit geben.

5. ____ Ich interessiere mich sehr für Theater und Museen, und im Fitness-Center mache ich Sport.

6. ____ Ich bin selber aktiv, singe und spiele ein Instrument und gehe in Konzerte, sooft ich kann.

7. ____ Ich mag sehr gerne fotografieren, zum Beispiel, oder ich sitze nur gern am Computer und surfe im Internet.

8. ____ Also, je mehr Feiertage, desto besser.

B. Was machen sie gern? Hören Sie noch einmal zu und kreuzen Sie an, welche Aktivitäten erwähnt werden.

ein Instrument spielen	☐	ins Theater gehen	☐
lesen	☐	töpfern	☐
schlafen	☐	Schi laufen	☐
malen	☐	Sport machen	☐
schwimmen	☐	wandern	☐
Gartenarbeit machen	☐	Kurse an der Volkshochschule belegen	☐

C. Susanne, Stefan und Dirk. Was machen diese jungen Leute gern in der Freizeit? Kreuzen Sie die richtige Antwort an.

	SUSANNE	STEFAN	DIRK
1. ins Theater gehen	☐	☐	☐
2. rumbummeln	☐	☐	☐
3. zelten	☐	☐	☐
4. lesen	☐	☐	☐
5. Tennis spielen	☐	☐	☐
6. musizieren	☐	☐	☐
7. Snowboard fahren	☐	☐	☐
8. am See grillen	☐	☐	☐

 D. Weitere Fragen. Sehen Sie sich Ihre Antworten zur Aktivität C an und beantworten Sie die Fragen, die Sie hören.

1. . . .   2. . . .   3. . . .   4. . . .   5. . . .

E. Weiterbildung in der Freizeit. Hören Sie zu und ordnen Sie die Sätze den Bildern zu.

1. Man kann hier viele Fremdsprachen lernen, zum Beispiel Spanisch. _____
2. Claudia und Bärbel nehmen an einem Malkurs der Volkshochschule Potsdam teil. Der Kurs findet im Freien statt. _____
3. Wir bieten heute ein großes Spektrum an Kursen an . . . auch künstlerische Kurse, Malen, Töpfern, Gitarrenspiel. _____
4. Hier lernen Erwachsene in ihrer Freizeit, wie man mit dem Computer arbeitet. _____

a.

b.

c.

d.

© 2000 WGBH Educational Foundation and CPB

F. Die Volkshochschule. Hören Sie den Text noch einmal und wählen Sie die richtige Antwort.

1. Claudia und Bärbel nehmen an einem ____ teil.
   a. Malkurs   b. Töpferkurs   c. Computerkurs

2. Der Kurs findet ____ statt.
   a. in den Räumen der Volkshochschule   b. im Freien

3. Zu DDR-Zeiten gab es Kurse wie ____.
   a. Maschinenschreiben   b. Gitarrenspiel

4. Heute bieten sie ein großes Spektrum an, auch ____.
   a. Mathematik   b. künstlerische Kurse

5. Die Kurse an der Volkshochschule sind günstig. Der Teilnehmer bezahlt ____.
   a. ein Drittel (1/3)   b. die Hälfte (1/2)

6. Unter den Teilnehmern sind ____.
   a. mehr Männer als Frauen   b. mehr Frauen als Männer

G. Verschiedene Meinungen. Hören Sie zu und vervollständigen Sie die Sätze.

1. _____ ist wie Meditation für mich.

2. Das _____ an so einem Kurs ist eigentlich, dass man sich von Anderen Anregungen holen kann.

3. Ich selber habe Spaß und _____ am Malen.

4. Ein _____ steht in jedem Büro.

5. Und ich denke, dass es ganz gut ist, eine _____ hier abzulegen.

6. Ich habe den Kurs hier in der Volkshochschule belegt, weil ich denke, dass Spanisch eine der wichtigsten _____ in der Welt ist.

7. Und außerdem ist Spanien mein Urlaubsland, und ich möchte dort mit den _____ reden können.

> Malen   Schöne
> Prüfung   Computer
> Sprachen
> Menschen   Freude

H. Meine Freizeit. Schreiben Sie in drei Sätzen, was Sie in der Freizeit machen.

1. _____

2. _____

3. _____

Fragen Sie nun einen Freund oder eine Freundin, was er oder sie in der Freizeit macht, und schreiben Sie auch diese Antworten auf.

4. _____

5. _____

6. _____

VOKABELN

 A. Deutsche sprechen über ihre Freizeit. Sie hören, wie sechs Leute über ihre Freizeit sprechen. Hören Sie zu und beantworten Sie dann die Fragen mündlich.

1. Was macht Annette in ihrer Freizeit?
2. Was macht Frau Schmidt am Wochenende?
3. Wohin geht Karin montags und freitags?
4. Welches Hobby hat Herr Grohe?
5. Was macht Eric in seiner Freizeit?
6. Welche Kurse belegt Frau Witt an der Volkshochschule?

 B. Patricks Wochenende. Sie hören einen Text über Patrick und seine Wochenendaktivitäten. Wählen Sie die beste Antwort.

1. Wo verbringt Patrick sein Wochenende am liebsten? _____
   a. Er ist am liebsten im Freien.
   b. Er spielt gerne Tennis.
   c. Er belegt Schwimmkurse.

2. Was ist für Patrick die beste Erholung? _____
   a. Autofahren ist für ihn Erholung.
   b. Er erholt sich beim Fernsehen.
   c. Das Schwimmen und der Strand sind für ihn Erholung.

3. Warum will er um 18.30 Uhr zu Hause sein? _____
   a. Er ist müde und hungrig.
   b. Das Fußballspiel beginnt um 18.30 Uhr.
   c. Seine Freunde gehen auch nach Hause.

4. Wo verbringt er seine Freizeit, wenn er nicht schwimmt? _____
   a. Er verbringt sie am Strand.
   b. Er verbringt sie auf dem Fußballplatz.
   c. Er sieht fern.

C. Gertruds Brief aus Amerika. Gertrud (65 Jahre alt) kommt aus Deutschland und lebt seit zwanzig Jahren in Kalifornien. Sie schreibt einen Brief an ihre Freundin Erna in Göttingen. Ergänzen Sie den Brief mit den folgenden Ausdrücken.

belegen   preisgünstig
Freizeit   hauptsächlich
Gartenarbeit   verbringe
Hobby

Santa Cruz, Kalifornien, den 10. Mai

Liebe Erna,

es tut mir Leid, dass ich so lange nicht geschrieben habe. Ich bin jetzt seit drei Monaten in Rente

und habe endlich mehr _____.[1] Du weißt ja, dass die

_____[2] mein liebstes _____[3] ist. Ich

_____[4] meine Zeit jetzt _____[5] draußen.

Ich freue mich auch noch nach zwanzig Jahren darüber, dass es hier so viel wärmer ist als in Deutschland

und dass ich Orangen im Garten habe. Mein Mann hat mir zum Geburtstag einen Computer

geschenkt. Die sind ja jetzt sehr _____.[6] Im Herbst möchte ich einen

Internet-Kurs _____.[7] Dann können wir uns auch E-Mail schicken.

Ich würde mich freuen, von dir zu hören!
Deine Gertrud

D. Bilden Sie ganze Sätze.

1. Freizeit / sein / Anregung / oder / kann / Erholung

   _____

2. die Feiertage / Berliner / viele / in ihrem Kleingarten / verbringen

   _____

3. in seiner Firma / Herr Maier / unersetzlich / ist

   _____

4. Margot und Erika / gerne / in der Stadt / gehen / bummeln

   _____

5. einen Garten / pflegen / muss / man / auch

   _____

STRUKTUREN

Modal Verbs

 A. Ein langes Wochenende. Hören Sie zu und kreuzen Sie an, welche Aussage auf welche Person zutrifft.

	GABRIELA	KURT	MARGIT
muss aufräumen	☐	☐	☐
kann ausschlafen	☐	☐	☐
will faulenzen	☐	☐	☐
darf ins Theater gehen	☐	☐	☐
möchte einen Film sehen	☐	☐	☐
muss für eine große Prüfung lernen	☐	☐	☐
soll den Eltern beim Hausputz helfen	☐	☐	☐
kann vielleicht Freunde besuchen	☐	☐	☐
muss auf einen Hund aufpassen	☐	☐	☐
will die Seminararbeit fertig schreiben	☐	☐	☐

 B. Wer macht was? Hören Sie zu und beantworten Sie die Fragen mit Hilfe der Informationen unten.

Sie hören: Wie ist das mit Steffen und musizieren? Will er das? Kann er das?
Sie sagen: Er will musizieren, aber er kann das nicht.
Sie hören: Er will musizieren, aber er kann das nicht.

Sie hören: Und du? Wie ist es mit dir und musizieren?
Sie sagen: Ich will musizieren und ich kann es auch.
Sie hören: Ich will musizieren und ich kann es auch.

	Steffen	**ich**	**Margot und Maria**
musizieren:			
wollen	+	+	+
können	−	+	−
sich entspannen:			
möchten	+	−	+
dürfen	+	+	+

1. . . .　2. . . .　3. . . .　4. . . .

C. Das Picknick. Ihre Freunde planen ein Picknick. Hören Sie zu und beantworten Sie die Fragen mit Hilfe der Informationen unten.

Sie hören: Was will Ramin mitbringen?
Sie lesen: Ramin: Kartoffelsalat.
Sie sagen: Er will Kartoffelsalat mitbringen.
Sie hören: Er will Kartoffelsalat mitbringen.

Ramin	Anna	du	Ihr	Oleana und Stefan
Kartoffelsalat	einen Kuchen	Limonade und Wasser	die Gläser	ihre Freunde

1. . . .   2. . . .   3. . . .   4. . . .

 D. Ein Tag in Hamburg. Sybil erzählt von ihrem Besuch in Hamburg. Hören Sie zu und ergänzen Sie die Lücken. Sie hören den Text zweimal.

Meine Freunde und ich hatten einen herrlichen Tag in Hamburg. Miriam und Günther

_____[1] in den Alsterarkaden bummeln, Ralf _____[2] seine Tante

besuchen und ich _____[3] die Hamburger Kunsthalle besichtigen. Am Abend

_____[4] wir in die Oper gehen, aber leider _____[5] wir keine

Karten bekommen. Deshalb _____[6] wir uns etwas anderes überlegen. Ralf

_____[7] in eine Disko gehen, Miriam und Günther _____[8] sich

lieber in eine gemütliche Kneipe setzen. Wir _____[9] uns einfach nicht entscheiden,

was wir machen _____.[10] Schließlich sind wir doch in die Kneipe gegangen und

haben gemeinsam einen schönen und interessanten Abend verbracht.

E. Was wollten, konnten, mussten und durften diese Leute gestern machen? Hören Sie zu und beantworten Sie die Fragen.

Sie hören: Was wollte Dario gestern machen?
Sie lesen: Dario: sich mit seinem Computer beschäftigen
Sie sagen: Dario wollte sich mit seinem Computer beschäftigen.
Sie hören: Dario wollte sich mit seinem Computer beschäftigen.

1. Herr und Frau Sitter: sich im Garten entspannen
2. du: die Blumen der Nachbarin begießen
3. ihr: mit Freunden am See grillen
4. Michelle: einen Ausflug mit den Eltern unternehmen
5. wir: viel Zeit im Freien verbringen

Welche Filme wollen Sie am liebsten sehen?

F. Was kann, soll, muss, darf man (nicht) an diesen Orten machen? Schreiben Sie für jeden Ort jeweils zwei Sätze mit Modalverben.

1. In der Bibliothek:

   In der Bibliothek kann man Bücher und Zeitschriften lesen.

   _____

2. Im Theater:

   _____

   _____

3. In den Bergen:

   _____

   _____

4. Zu Hause:

   _____

   _____

G. Fragen über Fragen. Beantworten Sie die Fragen Ihrer Schulfreunde mit Sätzen im Imperfekt.

MODELL: Warum ist Frau Weyrich heute früher nach Hause gegangen?
(müssen: ihre Kinder vom Kindergarten abholen) →
Sie musste ihre Kinder vom Kindergarten abholen.

1. Warum ist Gunnar nicht in die Schule gekommen? (können: die ganze Nacht nicht schlafen)

   _____

2. Wieso hattest du gestern Nachmittag keine Zeit? (müssen: Hausaufgaben machen)

   _____

3. Was habt ihr gestern Abend gemacht? (wollen: ein Lagerfeuer machen und grillen)

   _____

4. Warum sind Gabi und Klaus nicht mitgekommen? (dürfen: nicht so lange ausbleiben)

   _____

5. Warum hat Wolfgang seine Bücher vergessen? (können: sie nicht finden)

   _____

Da- and *wo-*Compounds

H. Und noch mehr Fragen! Hören Sie zu und bejahen Sie die Fragen mit **da**-Verbindungen.

Sie hören: Denkst du oft an die schönen Tage im Urlaub?
Sie sagen: Ja, ich denke oft daran.
Sie hören: Ja, ich denke oft daran.

1. ... 2. ... 3. ... 4. ... 5. ... 6. ...

I. Wie bitte? Sie hören heute ein bisschen schlecht und müssen Ihre Eltern bitten, ihre Sätze zu wiederholen. Hören Sie zu und stellen Sie Fragen mit **wo**-Verbindungen.

Sie hören: Ich habe mich heute den ganzen Tag mit der neuen Stereoanlage beschäftigt.
Sie sagen: Womit hast du dich beschäftigt?
Sie hören: Womit hast du dich beschäftigt?

    1. . . .   2. . . .   3. . . .   4. . . .   5. . . .   6. . . .

 J. Beates Zimmer im Studentenwohnheim. Ersetzen Sie die Präpositionalphrasen durch **da**-Verbindungen.

Links an der Wand ist ein Waschbecken.
<u>Über dem Waschbecken</u> hängt ein
Spiegel. <u>Neben dem Spiegel</u> hängt ein
Handtuch. An der Wand steht ein Bett.
<u>Unter dem Bett</u> liegt ein Teppich. <u>Auf</u>
<u>dem Teppich</u> stehen Beates Schuhe.
Neben dem Bett ist ein Fenster, und
<u>unter dem Fenster</u> steht ein Bücherregal.
<u>In dem Bücherregal</u> sind viele Bücher.
<u>Auf dem Bücherregal</u> steht eine
Zimmerpflanze. Rechts steht noch ein
Schreibtisch. <u>Vor dem Schreibtisch</u> steht
ein Stuhl.

Links an der Wand ist ein Waschbecken. <u>Darüber</u> hängt ein Spiegel . . .

_____

_____

_____

_____

_____

 K. Unileben. Schreiben Sie Fragen mit **wo**-Verbindungen.

    MODELL: Viele Studenten interessieren sich für Politik. →
                Wofür interessieren sich viele Studenten?

1. Viele Professoren beschäftigen sich mit interessanten Themen.

_____

2. In der Mensa diskutieren die Studenten über Fragen der Zeitgeschichte.

_____

3. Während des Studiums muss man an vielen Seminaren teilnehmen.

_____

4. Die meisten Studenten freuen sich auf die Semesterferien.

_____

PERSPEKTIVEN

Hören Sie zu!

 A. Fragen Sie Professor Cato! Hören Sie zu und ergänzen Sie die fehlenden Wörter.

CATO: Guten Tag, hier ist Professor Cato. Wie kann ich Ihnen und Ihren _____[1]

Freunden helfen?

ANRUFER 1: Guten Tag, Herr Professor Cato. Mein Name ist Stephan Weismann. Ich habe ein

_____[2] mit den Jungen meiner Lieblingskatze Julia.

CATO: Na, dann _____[3] Sie uns mal hören. Worum geht es denn?

ANRUFER 1: Die drei sind wirklich ganz süß, aber sie wollen die Katzentoilette einfach nicht benutzen.

Wir haben schon alles Mögliche versucht, setzen sie immer wieder hinein, aber sie machen

uns wirklich die ganze _____[4] voll.

CATO: Mich würde zuerst einmal interessieren, wie alt die drei Kleinen denn sind. Sie sollten ihnen

auf jeden Fall abgewöhnen, ihr Geschäftchen einfach _____[5] in

Ihrer Wohnung zu verrichten. Sie kennen ja das Sprichwort: „Was Hänschen nicht lernt,

lernt Hans nimmermehr."

Das Verhalten der drei Kleinen kann natürlich einfache psychologische Ursachen haben.

Lassen Sie mich daher die folgenden _____[6] an Sie richten: Haben die

Drei genügend Platz in der Wohnung? Fühlen sie sich bei Ihnen wohl? Haben Sie auch

genug _____,[7] mit ihnen zu spielen und ihnen Aufmerksamkeit zu

schenken?

ANRUFER 1: Die drei Jungen sind erst knapp vier Monate alt, aber ich dachte, da sollten sie

_____[8] stubenrein sein, oder? Und Ihre psychologischen Fragen muss ich

mir verbitten. Die drei Kätzchen fühlen sich sehr wohl bei uns. Auf

_____[9]!

 B. Hören Sie noch einmal zu. Beantworten Sie die Fragen, die Sie hören.

1. . . . 2. . . . 3. . . . 4. . . . 5. . . . 6. . . . 7. . . .

Lesen Sie!

C. Vor dem Lesen. Erinnern Sie sich an den Kater Nero Corleone? Woran erinnern Sie sich? Wo lebt er? Wie würden Sie seinen Charakter beschreiben?

_____

_____

_____

_____

Lesen Sie nun einen weiteren Auszug aus dem Buch *Nero Corleone* von Elke Heidenreich und bearbeiten Sie dann die anschließenden Übungen.

Wortschatz zum Lesen

die Scheibe	*windowpane*
ahnen	*to guess, know*
quieken	*to squeak*
die Einstellung	*attitude*
der Geizkragen	*miser*
keck	*bold*
schielen	*to be cross-eyed*
behutsam	*warily*
der Aberglaube	*superstition*
abtun	*to dismiss*

Der Beginn einer Freundschaft

Am Neujahrsmorgen blieben die Fenster im Ferienhaus drüben lange geschlossen, doch als gegen elf Uhr endlich die Läden geöffnet wurden, sagte Nero zur dummen Rosa, die mit ihren blauen Augen in das neue Jahr hineinschielte: „Komm mit!" Und sie strichen gemeinsam in der kalten Januarsonne durch die feuchte Wiese hinüber zum Grundstück der Deutschen.

„Du wartest hier!" sagte Nero und setzte Rosa unter einen Pinienbusch. Er selbst sprang auf die Fensterbank und starrte durch die Scheibe ins Wohnzimmer. Das deutsche Ehepaar saß an einem runden Tisch und frühstückte. Der Mann, Robert, blickte in Richtung Fenster und bemerkte sofort das kleine schwarze Gesicht, das streng zu ihnen hineinsah.

„Isolde", sagte er, „sieh mal, wer da ist. Wie ich es geahnt habe."

Mit einem kleinen Aufschrei fuhr Isolde herum und stürzte zum Fenster. Sie öffnete es so stürmisch, daß Nero beinahe außen heruntergefallen wäre und Rosa erschrocken, so schnell sie nur konnte, durch die Wiese zurück zum heimatlichen Hof rannte.

„Da ist ja mein kleiner Liebling!" rief Isolde und hob Nero ins Zimmer. „Ob du wohl ein Eichen essen magst?"

„Eichen, Milchlein, Würstchen, nur immer her mit den guten Dingen des Lebens", dachte Nero und quiekte so niedlich und hungrig wie nur möglich. Vorsichtig behielt er Robert im Auge, denn dessen Einstellung zu Katern konnte er noch nicht so ganz einschätzen, aber Isoldes Herz, das wußte er, hatte er erobert. Sie nahm ihr weichgekochtes Ei aus dem Eierbecher, pellte es sorgfältig ab, zermatschte es mit einer Gabel auf der Untertasse und stellte es vor Nero.

„Na", fragte sie, „magst du das?"

Nero probierte und fand: ja, das mag ich, schmeckt um Klassen besser als die rohen Hühnereier drüben auf dem Hof, köstlich! Und er schmatzte und schleckte, und Robert sagte: „Und du? Jetzt hast du kein Ei mehr!"

„Gib ihr doch deins, du Geizkragen", dachte Nero, und plötzlich fiel ihm Rosa ein, die dicke dumme Rosa, die doch so gern aß und die da draußen in der Kälte auf ihn wartete. Er sprang zurück zur Fensterbank und kratzte laut jammernd an der Scheibe.

„Was hast du, Schätzlein?" rief Isolde erschrocken, „du hast ja dein Eichen noch gar nicht aufgegessen?"

Und Robert sagte: „Wenn er raus will, laß ihn raus."

„Vernünftiger Mann!" dachte Nero und sprang durch das nun geöffnete Fenster in den kalten Garten.

Keine Rosa.

„Wo bist du, dumme Liese?" schrie er, aber sie war nicht da, und wütend preschte er zum Hof hinüber. Da saß sie schon, furchtsam trippelte sie ihm ein paar Schritte entgegen und roch an seinen Barthaaren.

„Warum läufst du weg, wenn ich sage: bleib da sitzen?" fauchte Nero und trieb sie vor sich her über die Wiese. „Los, Dicke, da gibt's weichgekochte Eier, und ich hab dir extra noch was aufgehoben, *avanti*, hopp!"

„Ich trau mich nicht!" maunzte Rosa, als Nero wieder auf die Fensterbank sprang, aber er zischte: „Du kommst jetzt, und zwar sofort, und dann laß mich nur machen."

„Guck mal", sagte Robert, „jetzt sind es schon zwei."

Isolde sah die beiden Gesichtchen nebeneinander am Fenster: das schon vertraute, kecke schwarze und ein schüchternes, kugelrundes weißrotes Köpfchen mit schielenden blauen Augen.

„Wie unbeschreiblich niedlich!" rief sie und rannte zum Fenster, öffnete es diesmal aber ganz vorsichtig, weil Rosa gar so ängstlich schaute. Gerade wollte sie auch eigentlich wieder davonlaufen, da gab ihr Nero einen Schubs und sie landete auf dem weichen Teppich. Er sprang hinterher und stapfte unverzüglich auf den Teller mit dem Rest Ei zu.

„Los", sagte er zu Rosa, „komm her und friß, Dicke. Die tun dir nichts. Die finden dich niedlich."

Behutsam, ängstlich, aber von Nero ermutigt und wom köstlichen Duft angelockt, stapfte die kleine runde Rosa auf die geblümte Untertasse zu, und da waren sie nun beide, zwei Pelzköpfe in schwarz und bunt, nebeneinander über ein weichgekochtes Frühstücksei gebeugt, und ein seine Rührung verbergender Robert und eine vor Glück und Entzücken den Tränen nahe Isolde sahen ihnen zu.

„Dreifarbige Katzen sind Glückskatzen!" murmelte Isolde, und Robert sagte: „Schwarze Kater bringen Unglück!", was Isolde als blöden Aberglauben empört abtat.

Nero leckte den letzten Rest Eigelb vom Teller, und Rosa wollte sofort den Rückzug antreten, aber er sagte: „Nix da, jetzt legen wir uns auf das Sofa, von dem ich dir erzählt habe."

„Er hat sein Mädchen geholt", sagte Isolde, „Gott ist das süß." Und Robert brummte: „Ich finde, sie schielt."

Nero ging mit erhobenem Schwanz auf das bekannte Sofa zu, und Rosa folgte ihm und quiekte wie ein furchtsames kleines Schweinchen.

„Hopp!" sagte Nero, und sie fragte: „Ja, dürfen wir das denn?"

Er lag schon oben und sah verächtlich auf sie herunter. „Dürfen? Pah!" sagte er, „wer dumm fragt, kriegt dumme Antworten. Sieh dir diese Leute doch an, die sind doch ganz begeistert von uns. Das muß man nutzen. Sie heißen übrigens Robert und Isolde."

Auszug aus Nero Corleone *von Elke Heidenreich*

D. Was bedeuten diese Ausdrücke? Schreiben Sie kurze Definitionen für die folgenden Ausdrücke aus dem Text.

1. ein Herz erobern

   _____

   _____

2. ein Ei pellen

   _____

   _____

3. sich nicht trauen

   _____

   _____

4. einen Schubs geben

   _____

   _____

5. „wer dumm fragt, kriegt dumme Antworten"

   _____

   _____

E. Fragen zum Text.

1. Warum wartet Nero auf das Öffnen der Fensterläden? _____

   _____

2. Warum erschrickt Rosa und rennt zum heimatlichen Hof zurück? _____

   _____

3. Warum denkt Nero „Ei*chen*, Milch*lein*, Würst*chen* . . ." an Stelle von Ei, Milch, Wurst? _____

   _____

4. Beschreiben Sie die Charaktereigenschaften der beiden Katzen. Finden Sie mindestens fünf
   Adjektive für Nero und Rosa.

   Nero: _____

   Rosa: _____

5. Beschreiben Sie die Charaktereigenschaften der beiden Menschen. Finden Sie Adjektive für
   Isolde und Robert.

   Isolde: _____

   Robert: _____

Schreiben Sie!

F. Katzen und Tagebücher? Nach ihrer kleinen Siesta schreiben Nero und Rosa ihre Erlebnisse auf. Was schreibt Nero? Was schreibt Rosa?

Aus dem Tagebuch einer Katze.

_____

_____

_____

_____

_____

_____

_____

_____

_____

_____

_____

_____

G. Wie geht die Geschichte weiter? Hat Nero es richtig erkannt, als er sagt: „die sind doch ganz begeistert von uns"? Wie, denken Sie, geht die Freundschaft der beiden deutschen Urlauber mit Rosa und Nero weiter?

_____

_____

_____

_____

_____

_____

_____

_____

_____

KAPITEL 32

FERIEN UND URLAUB

VIDEOTHEK

 A. Der Urlaub. Hören Sie zu und verbinden Sie die Begriffe, die zueinander passen.

1. Schüler und Schülerinnen: ____, ____, ____ und ____

2. Susannes Eltern: ____

3. Arbeit: ____

4. Stunden: ____

5. irgendwohin fahren: ____ und ____

a. anstrengend
b. dreißig Tage Urlaub
c. exotisch
d. Herbstferien
e. lang
f. Osterferien
g. Sommerferien
h. warm
i. Winterferien

 B. Der schönste Urlaub. Grace, Susanne, Gürkan und Anett: wer hat was gesagt? Hören Sie zu, was diese Personen über ihren Urlaub erzählen. Ordnen Sie die Sätze den richtigen Sprechern zu.

Anett ____ ____   Gürkan ____ ____   Susanne ____ ____ ____   Grace ____ ____

1. Also, der schönste Urlaub, den ich gemacht habe, war als ich mit achtzehn Jahren in die Türkei gefahren bin.
2. Da besitzen meine Eltern eine „Finca".
3. Meine Mutter ist mit mir nach England gefahren und wir haben uns Städte angeguckt und wir konnten aber auch am Meer sein.
4. Dann waren wir irgendwo angekommen bei einem Strand, da haben wir unser Zelt aufgeschlagen und da sind wir geblieben.
5. Also, wir sind auch Ostern da und manchmal sogar im Herbst.
6. Ich glaube, der schönste Urlaub war für mich in Südafrika am Strand.
7. Unseren Winterurlaub verbringen wir im Schwarzwald . . . und da fahren wir Ski und Snowboard.
8. Wir sind in Norwegen gewesen, Schweden und Finnland, und wir sind ans Nordkap gefahren.
9. Ich habe viel gebadet und ich habe mich natürlich in der Sonne gebräunt.

C. Wohin fahren Erika, Daniela und Stefan? Hören Sie zu und kreuzen Sie an, wohin Erika, Daniela und Stefan im Urlaub fahren.

	ERIKA	DANIELA	STEFAN
1. mit dem Rucksack in die Alpen	☐	☐	☐
2. nach Kanada	☐	☐	☐
3. nach Jamaika	☐	☐	☐
4. nach Sydney, Australien	☐	☐	☐

D. Der schönste Urlaub. Wo hatten Erika, Daniela und Stefan ihre schönsten Urlaube? Was haben sie selber gesagt? Finden Sie die richtige Aussage für jede Person und beantworten Sie die Fragen, die Sie hören.

1. ... 2. ... 3. ...

> Der schönste Urlaub war in Sydney, Australien.

> Ich hatte verschiedene sehr schöne Urlaube—einige in den USA, einige in Kanada und ich fahre auch sehr gerne nach Italien.

> Und da ich sehr aktiv bin, ist eigentlich der schönste Urlaub, wenn ich zurückdenke, wenn ich mit einem Rucksack von einer Hütte zu der anderen durch die Alpen marschiert bin.

E. Urlaub gestern und heute. Hören Sie zu und ordnen Sie die Aussagen den Bildern zu.

a. b. c. d.

1. _____ „Eine richtige Urlaubsreise konnten sich vor hundert Jahren nur wenige Menschen leisten. Doch Spaß und Erholung fand man auch an Badeseen in der Nähe."

2. _____ „Nur wer wirklich reich war, konnte zum Beispiel eine Schiffsreise machen."

3. _____ „Auch Bayern im Süden Deutschlands war ein beliebtes Reiseziel."

4. _____ „Nach dem Zweiten Weltkrieg war Deutschland geteilt."

F. Hören Sie den Text nun noch einmal. Kreuzen Sie die richtigen Antworten an.

1. Vor hundert Jahren konnten ____ Urlaub machen.
   a. viele Menschen   b. wenige Menschen

2. Ab 1920 bekamen die Arbeiter ____ Urlaub im Jahr.
   a. eine Woche   b. zwei Wochen   c. drei Wochen

3. Zu Beginn der dreißiger Jahre hatten die Menschen andere Sorgen, zum Beispiel ____.
   a. Schiffsreisen   b. Arbeitslosigkeit

4. Nach dem Zweiten Weltkrieg durften die DDR-Bürger nach ____ reisen.
   a. Italien und Österreich   b. Ungarn und Rumänien
   c. Griechenland und in die USA   d. Bulgarien ans Schwarze Meer

5. Die moderne Reiseindustrie entstand erst in den ____.
   a. fünfziger Jahren   b. neunziger Jahren   c. siebziger Jahren

6. Die Deutschen bekommen im Durchschnitt ____ Tage Urlaub im Jahr.
   a. fünfzig   b. dreißig   c. vierzig

G. Dirk und Daniela.

SCHRITT 1: Was erwarten die beiden vom Urlaub? Hören Sie zu und kreuzen Sie an, was Dirk und Daniela erwarten.

		DIRK	DANIELA
1.	Langeweile	☐	☐
2.	Leute kennen lernen	☐	☐
3.	Entspannung oder Erholung	☐	☐
4.	Abwechslung	☐	☐
5.	Romanze geschehen lassen	☐	☐
6.	etwas unternehmen	☐	☐

SCHRITT 2: Suchen Sie jetzt unten die beste Antwort auf jede Frage, die Sie hören.

1. a. Also, Daniela erwartet sehr viele spezifische Freuden vom Urlaub.
   b. Dirk scheint sehr spezifische Wünsche zu haben.
2. a. Dirk würde bestimmt sehr gern in Alaska Urlaub machen!
   b. Wahrscheinlich hätte Daniela an einem Urlaub in Alaska Spaß.
3. a. Ich würde unbedingt mit Dirk Urlaub machen wollen.
   b. Ich denke, ich hätte mit Daniela viel mehr Spaß.

VOKABELN

 A. Urlaub in den fünfziger Jahren. In den fünfziger Jahren gab es in Deutschland noch keine Tourismusindustrie. Rudolf Neff (79 Jahre alt) ist auch damals schon gereist. Er erzählt von seinem ersten Urlaub.

Sie hören den Text zweimal. Hören Sie zu und beantworten Sie anschließend die Fragen, die Sie hören, mit der besten Möglichkeit unten.

Sie hören: Wann ist Rudolf Neff das erste Mal in Urlaub gefahren?
 Sie lesen: a. 1959 b. vor zehn Jahren c. als er schon über siebzig war
Sie sagen: 1959 ist Rudolf Neff das erste Mal in Urlaub gefahren.
Sie hören: 1959 ist Rudolf Neff das erste Mal in Urlaub gefahren.

1. a. in ganz Europa herum b. durch ganz Frankreich nach Spanien, und bis nach Malaga c. durch Spanien nach Frankreich
2. a. ja, und allein zu sein war herrlich b. nein, mit Fred c. ja, und er war sehr einsam d. nein, mit einem ganzen Bus voll Spaniern
3. a. mit der Bahn b. zu Fuß c. im VW-Bus
4. a. im Bus oder im Zelt b. auf ganz modernen Campingplätzen c. in billigen Hotels
5. a. die Touristen waren damals viel freier als heute b. der Tourismus war so billig, dass man kaum was bezahlen musste c. es gab fast keine Touristen

B. Imkes Reise.

SCHRITT 1: Imke möchte mit ihrer Freundin im Herbst nach Hawaii. Sie informiert sich in einem Reisebüro. Hören Sie zu und suchen Sie die beste Antwort. Sie hören das Gespräch zweimal.

1. Was will Imke auf Hawaii machen? ____
   a. Sie will baden und in der Sonne liegen.   b. Sie möchte viel erleben.
   c. Sie möchte gut essen.

2. Was schlägt Frau Schmitt im Reisebüro vor? ____
   a. Eine Hotelrundreise mit Inselflügen.   b. Eine Camping- und Wanderreise.
   c. Einen Wassersporturlaub.

3. Wird Imke nach Hawaii fliegen? ____
   a. Sie muss mit ihrer Freundin sprechen, ob sie es sich leisten können.
   b. Sie zeltet nicht gern.   c. Zwei Wochen sind zu lange für sie.

SCHRITT 2: Suchen Sie jetzt unten die beste Antwort auf jede Frage, die Sie hören. Antworten Sie mündlich.

> In den Canyons muss man auch wandern und klettern.

> Das ist eine Camping- und Wanderreise durch Canyons und zu Vulkanen auf Hawaii.

> Man fliegt über San Francisco.

> Die ersten drei Nächte verbringt man auf einer Ranch am Strand.

> Die Tour bietet viel Abwechslung.

> Nein, die Ausrüstung bekommt man auf Hawaii.

1. . . .   2. . . .   3. . . .

C. Was wünscht man sich im Urlaub? Ergänzen Sie die Sätze.

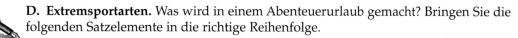

Entspannung
Nervenkitzel
Reiselust
Vorbereitungen
Ferienlager
Schiffsreise aufpassen

1. Ich wünsche mir im Urlaub beides: _____ und

_____ .

2. Die _____ am Abend vor dem Urlaub machen den größten Stress.

3. Haben Sie schon einmal eine _____ gemacht?

4. In einem _____ für Familien muss man nicht immer auf die Kinder

_____ .

5. Die _____ der Deutschen hat in den letzten zehn Jahren immer mehr

zugenommen.

D. Extremsportarten. Was wird in einem Abenteuerurlaub gemacht? Bringen Sie die folgenden Satzelemente in die richtige Reihenfolge.

1. wir / mussten / über Bäche / bei der Wanderung / durch den Canyon / springen

_____

2. in ihrem Urlaub / den Nervenkitzel / Elke / der Extremsportarten / liebt

_____

3. können / viele Leute / sich / leisten / nicht / die Ausrüstung / für Extremsportarten

_____

4. war / unsere Schiffsreise / herrlich / in die Karibik

_____

5. suchen / manche Leute / Nervenkitzel und Gefahr / im Urlaub

_____

E. Stefans Reise nach Österreich. Was hat Stefan in Österreich erlebt? Bringen Sie die Sätze in die richtige Reihenfolge.

_____ Sie waren in einer Oper von Mozart und haben in einer Disko getanzt.

_____ Sie sind auf dem Wolfgangsee gerudert.

_____ Er ist zuerst nach Frankfurt geflogen.

_____ Jetzt schreibt Stefan jeden Tag Briefe nach Salzburg, weil Christine keinen Internetanschluss hat.

_____ Dann hat er Salzburg besichtigt.

_____ Dann ist er mit dem Zug nach Österreich gefahren.

_____ Er hat in einem Café Ursula kennen gelernt.

_____ Er ist in den Alpen gewandert und hat einen Berg bestiegen.

_____ Er hat sich auf dem Bahnhof eine Fahrkarte gekauft.

F. Erzählen Sie von Ihrem letzten Urlaub. Schreiben Sie mindestens acht Sätze.

_____

_____

_____

_____

_____

_____

_____

_____

STRUKTUREN

The Present Perfect Tense

A. Stimmt das oder stimmt das nicht? Ein Wochenende am See. Hören Sie zu und kreuzen Sie die richtige Antwort an.

	JA	NEIN
1. Otto und seine Freunde sind mit dem Auto zum See gefahren.	☐	☐
2. Sie haben am See gezeltet.	☐	☐
3. Nachmittags sind sie auf einen Berg in der Nähe geklettert.	☐	☐
4. Am Abend haben sie Würstchen gegrillt.	☐	☐
5. Auf der Rückfahrt haben sie bei Ottos Oma Kuchen gegessen.	☐	☐

B. Was haben Sie gestern gemacht? Hören Sie zu und beantworten Sie die Fragen.

Sie hören: Was hast du gestern gemacht?
Sie lesen: gestern: lange schlafen
Sie sagen: Gestern habe ich lange geschlafen.
Sie hören: Gestern habe ich lange geschlafen.

1. dann: mit meinen Eltern frühstücken
2. danach: mein Zimmer aufräumen
3. am Nachmittag: in den Garten gehen
4. im Garten: in der Sonne ein Buch lesen
5. abends: mit Freunden in die Stadt fahren
6. in der Stadt: ins Kino gehen
7. danach: Hausaufgaben machen
8. zum Schluss: ins Bett gehen

C. Ein Tag in der Schule. Henner kommt zu Besuch und erzählt Ihnen von seinem Schultag. Hören Sie zu und wiederholen Sie Henners Bericht im Perfekt.

Sie hören: Ich komme beinahe zu spät zur Schule.
Sie sagen: Er ist beinahe zu spät zur Schule gekommen.
Sie hören: Er ist beinahe zu spät zur Schule gekommen.

1. ...   2. ...   3. ...   4. ...   5. ...   6. ...

D. Gesundheitsbewusstsein. Die hundertjährige Ella Ellenberger erzählt von ihrem Leben. Hören Sie zu und ergänzen Sie die Lücken. Sie hören den Text zweimal.

Ich _____[1] mich immer fit _____.[2] Ich _____[3] gesund

_____[4] und jeden Tag zwei Liter Wasser _____.[5] Einmal

pro Woche _____[6] ich Tennis _____,[7] jeden Dienstag

und Donnerstag _____[8] ich schwimmen _____[9] und jeden Abend

_____[10] ich einen Kilometer _____.[11] Ich _____[12] nur ganz

selten Medikamente _____[13] und _____[14] einmal im Jahr zum Arzt

_____.[15] Gesund zu bleiben _____[16] für mich immer das Wichtigste

_____.[17]

E. Zwei Familien. Was haben Familie Fiedler und Familie Jahn gestern gemacht? Hören Sie zu und beantworten Sie die Fragen.

Sie hören: Was hat Frau Fiedler gestern gemacht?   Sie sagen: Frau Fiedler ist ins Büro gegangen.
Sie sehen: Frau Fiedler: ins Büro gehen   Sie hören: Frau Fiedler ist ins Büro gegangen.

Frau Fiedler   Josef   Maria   Herr Fiedler

Frau Jahn   Herr Jahn   Hänschen   Opa

1. das Zimmer aufräumen 2. spät aufstehen 3. mit seiner Mutter telefonieren 4. Spaghetti Kochen 5. den ganzen Tag fernsehen 6. zu Besuch kommen

F. Alban und Thomas. Ergänzen Sie die Lücken mit den Perfektformen der passenden Verben.

ALBAN: Hallo, Thomas! Kommst du mit in die Stadt?

THOMAS: Ich _____¹ schon in der Stadt _____² (sein).

ALBAN: Willst du nicht mit ins Kino gehen?

THOMAS: Ich _____³ erst gestern Abend ins Kino _____⁴ (sein).

ALBAN: Was für einen Film _____⁵ du denn _____⁶ (sehen)?

THOMAS: Einen Western mit John Wayne. Ich gehe jetzt zum Essen. Willst du vielleicht mitkommen?

ALBAN: Ich _____⁷ schon zu Hause _____⁸ (essen). Aber du kannst ja

Daniela mal anrufen.

THOMAS: Die _____⁹ ich schon _____¹⁰ (rufen). Sie kann nicht.

ALBAN: Na, dann komm ich mit dir mit. Ich kann ja etwas trinken oder eine Kleinigkeit noch essen.

G. Das Leben eines berühmten Astronomen. Sie lesen einiges über den Astronomen Johannes Kepler. Ergänzen Sie die Lücken mit dem Partizip des passenden Verbs aus dem Wortkasten.

schreiben entwickeln
leben interessieren
studieren gehen
suchen
sein ziehen

Johannes Kepler hat von 1571 bis 1630 _____.[1] Er ist auf die Klosterschule

in Maulbronn _____[2] und hat dann in Tübingen evangelische Theologie

_____.[3] Er hat sich besonders für Astronomie und die Theorien von

Kopernikus _____.[4] 1594 ist er nach Graz _____[5]

und hat dort das „Mysterium Cosmographicum" _____.[6] Als kaiserlicher

Mathematiker hat er ein Fernrohr _____.[7] Er hat nach einer Erklärung für

den Planetenlauf um die Sonne _____[8] und Gesetze zur

Planetenbewegung begründet.

Modal Verbs in the Perfect Tense

H. Was haben diese Leute gestern machen sollen, müssen, können, dürfen, wollen? Hören Sie zu und beantworten Sie die Fragen im Perfekt.

Sie hören: Was hat Xavier gestern machen sollen?
Sie sehen: Xavier: das Zimmer aufräumen sollen
Sie sagen: Er hat das Zimmer aufräumen sollen.
Sie hören: Er hat das Zimmer aufräumen sollen.

XAVIER	DU	MANUEL UND HANNA
das Zimmer aufräumen sollen	im Garten arbeiten sollen	zu Hause bleiben müssen
die Tante anrufen müssen	mit dem Chef sprechen müssen	für die Schule lernen sollen
ins Schwimmbad gehen dürfen	eine lange Mittagspause machen wollen	im Park Fußball spielen können

I. Und was mussten, konnten, sollten, durften diese Leute gestern nicht machen? Hören Sie zu und beantworten Sie die Fragen im Imperfekt.

Sie hören: Was konnte Gabi nicht machen?
Sie lesen: Gabi: im Internet surfen
Sie sagen: Sie konnte nicht im Internet surfen.
Sie hören: Sie konnte nicht im Internet surfen.

1. Moritz: früh nach Hause gehen
2. wir: in den Alpen wandern
3. Saskia: lange schlafen
4. Karim: ins Café gehen
5. ihr: einen Kriminalfilm sehen
6. du: für die Uni lernen
7. ich: kein Eis essen

J. Früher war alles besser. Sie sind zu Besuch bei Ihrem Großvater, der sich an die gute alte Zeit erinnert. Schreiben Sie die Sätze mit Modalverben im Perfekt.

> MODELL: müssen: früher / man / keinen Computer / haben →
> Früher hat man keinen Computer haben müssen.

1. wollen: damals / die Menschen / mehr arbeiten

   _____

2. können: vor dreißig Jahren / man / viel leichter / Arbeit / finden

   _____

3. dürfen: früher / die Kinder / auf der Straße / spielen

   _____

4. müssen: damals / die Familien / zusammenhalten

   _____

5. können: in der guten alten Zeit / ich / mich / stundenlang / in der Sonne / bräunen

   _____

6. nicht dürfen: früher / die jungen Leute / ihre Freizeit / mit Extremsportarten / verbringen

   _____

K. Großmutters Erinnerungen. Auch die Großmutter erinnert sich jetzt an die Zeit, als sie noch jünger war, aber ihre Erinnerungen sind nicht so positiv. Schreiben Sie den folgenden Absatz im Perfekt.

> MODELL: Wir sollten jeden Morgen um fünf Uhr aufstehen. →
> Wir haben jeden Morgen um fünf Uhr aufstehen sollen.

Wir sollten jeden Morgen um fünf Uhr aufstehen. Ich musste jeden Morgen zwei Stunden durch den tiefen Schnee in die Schule gehen. Nachmittags durfte ich nie mit meinen Freundinnen spielen, sondern musste Hausaufgaben machen. Am Wochenende wollte ich immer ausschlafen, aber dann musste ich meinen Eltern bei der Arbeit helfen. Meine Eltern sagten immer, dass sie nur das Beste für mich wollten. Ich konnte sie nicht verstehen.

_____

_____

_____

_____

_____

_____

_____

_____

PERSPEKTIVEN

· ·

Hören Sie zu!

 A. Club Natura. Hören Sie zu. Was fehlt?

CLUB NATURA—DAS IDEALE GLEICHGEWICHT ZWISCHEN _____[1] UND WEITERBILDUNG

Club Natura ist etwas für alle, denen Studienreisen zu streng, ein reiner

_____[2] zu fade ist. Für alle, die sich aktiv betätigen und in einer

sympathischen Reisefamilie individuell erholen möchten. Die gesamte Urlaubszeit hindurch sind Sie

in derselben _____[3] untergebracht. So wird unnötiger Stress durch Hotelwechsel

vermieden. Anreisen können Sie an jedem Wochenende. Die Clubs sind ganzjährig

_____[4] Es findet täglich ein begleitendes Ausflugsprogramm statt, das

sich alle fünfzehn Tage wiederholt.

   Fast alle Anlagen liegen direkt am Strand. Sie sind klein und Familien stehen im

_____[5] Die meisten Angestellten sind aus der Umgebung. Durch die

gemeinsamen Ausflüge lernen sich die _____[6] schnell kennen, und abends

sitzt man gemütlich zusammen. Das Unpersönliche großer Ferienanlagen gibt es nicht. Club Natura

_____[7] die Annehmlichkeiten eines festen Aufenthaltsortes mit den interessanten

Möglichkeiten einer Studien- oder Wanderreise.

   Die Größe der _____[8] haben wir sehr niedrig festgesetzt. Es sind nur

sieben bis maximal achtzehn Teilnehmer. Dadurch werden die _____[9] beweglicher,

jeder profitiert von der größeren Reisequalität.

   Bei vielen Reisen ist die volle _____[10] enthalten. Es ist jedoch nicht die

klassische Art von Vollpension, weil mittags meist ein schmackhaftes Picknick an einem schönen

_____[11] im Freien geboten wird.

   Wählen Sie aus unseren Fachexkursionen zu den _____[12] „Geschichte und

Kultur", „Bergwandern", „Naturkundliches Wandern", „Botanische Studienreisen" oder

„Ornithologisch-landschaftliche Exkursionen".

 B. Wie war das noch mal? Suchen Sie die Antworten im Text, wenn Sie sich nicht erinnern
können.

   1. . . .   2. . . .   3. . . .   4. . . .   5. . . .   6. . . .   7. . . .   8. . . .   9. . . .

Lesen Sie!

C. Zur Autorin Marie Luise Kaschnitz (1901–1974). Der folgende Text ist aus Marie Luise Kaschnitz' Kurzprosasammlung *Orte und Menschen.* Von ihrem literarischen Werk erwartete sie, dass sie, „wenn überhaupt, als eine im eigenen Umkreis befangene Schreiberin in die Literaturgeschichte eingehen" würde. Ihre Begründung hierfür: „Denn meine Erfindungsgabe ist gering. Ich sehe und höre, reiße die Augen auf und spitze die Ohren, versuche, was ich sehe und höre, zu deuten."

1. Was für eine Art Text erwarten Sie aufgrund Kaschnitz' eigener Aussage?

   _____

   _____

   _____

   _____

2. Was ist Literatur? Was macht ein Autor oder eine Autorin? Versuchen Sie, zwei kurze Definitionen zu formulieren.

   a. Literatur: _____

   _____

   _____

   b. ein Autor / eine Autorin: _____

   _____

   _____

3. Wie würden Sie Kaschnitz beschreiben? Wenn sie „im eigenen Umkreis befangen" ist, ist sie dann eine Autobiographin? Oder ist sie eine Chronistin (denn, wie sie selbst sagt, hält sie ihre Erfindungsgabe für gering)?

   _____

   _____

   _____

   _____

Wortschatz zum Lesen

unaufhörlich	*incessantly*
gesonnen sein	*to be inclined*
entsetzt	*shocked*
versperren	*to close up*
die Einwendung	*objection*
die Erwägung	*consideration*

Die Freunde aus den USA

Die Freunde aus den USA wundern sich, warum wir für alle Zimmertüren Schlüssel haben, so, als seien die Familienmitglieder unaufhörlich gesonnen, einander zu bestehlen oder sonst ein Leid anzutun. Und auch noch an den Möbeln, sagen sie entsetzt, und deuten auf den Kommodenschlüssel, den Schreibtischschlüssel, den Schlüssel am Kleiderschrank, sogar am Klavier. Bei ihnen gibt es das nicht, nicht einmal das WC wird versperrt, zum Zeichen, daß es frei, also benutzbar ist, läßt man die Tür offenstehen. Wie vernünftig, sagen wir, wie sympathisch, und nehmen uns vor, sämtliche Schlüssel abzuziehen und in den Mülleimer zu werfen. Aber wir tun es nicht. Wir denken an die in den Vereinigten Staaten ebenfalls unverschlossenen Haustüren und haben unsere Einwendungen, bedenken Sie doch, die von Truman Capote geschilderte hingemordete Familie, ein Schloß, ein Riegel, und die Mörder wären nicht hereinspaziert, diese einfachen Dinge, und die Bluttat wäre nicht geschehen. Stärker als diese sachlichen Erwägungen ist aber etwas, das ich die deutsche Schlüsselmagie nennen möchte. Unsere Lust am Geheimnis, am Christkindchen, am Skelett im verschlossenen Schrank. Wir hängen an unseren Schlüsseln, an dem Unterschied zwischen Erlaubtem und Verbotenem, an der Übertretung auch. Wir vergessen nicht, was das Märchenkind, dem es erlaubt war, alle Türen, bis auf eine, zu öffnen, hinter dieser verschlossenen Türe erblicken mußte. Den winzigen Schlüssel am Kindertagebuch spüren wir noch zwischen den Fingern und haben die alten Verse „Du bist beslozzen in minem herzen" noch im Ohr.

Aus Orte und Menschen. Aufzeichnungen, *Marie Luise Kaschnitz*

  D. Fragen zum Text.

1. Wie interpretieren die Freunde aus den USA ihre Beobachtung, dass alle Zimmertüren Schlüssel haben? _____

2. Warum scheinen sie entsetzt, dass auch Möbel wie Kommoden und Klavier abgeschlossen werden können? _____

3. Warum wird die Tatsache, dass es bei den Freunden in den USA keine Schlüssel an Türen und Möbeln gibt, als „sympathisch" beschrieben? _____

4. Hat Ihre Wohnung oder Ihr Haus Schlüssel an allen Türen und Möbelstücken? Was halten Sie von den Kommentaren der Freunde aus den USA? _____
_____

5. Warum führt die Erzählerin ihren Plan, „sämtliche Schlüssel abzuziehen und in den Mülleimer zu werfen", nicht durch? Was könnten ihre Gedanken sein? _____
_____

6. Was stellen Sie sich unter dem Begriff „Schlüsselmagie" vor? _____
_____

7. Wie wird der Begriff im Text erklärt? _____

8. Erklären Sie den alten Vers „Du bist beslozzen in minem herzen". _____
_____

Schreiben Sie!

E. Ein Gespräch. Schreiben Sie den Text in ein Gespräch zwischen den Freunden aus den USA und dem Erzähler um. Bringen Sie alle Kommentare und Assoziationen beider Seiten mit in dieses Gespräch ein.

_____

_____

_____

_____

_____

_____

_____

_____

_____

F. Andere Länder, andere Sitten. So lautet ein deutsches Sprichwort. Kaschnitz spricht von einigen dieser „anderen Sitten", beschreibt die Verwunderung ausländischer Besucher und bietet dem Leser einige kulturellen Gedanken zu diesen „Sitten" an. Tun Sie dasselbe.

Was ist ein Brauch Ihres Heimatlandes? Beschreiben Sie diesen Brauch aus der Perspektive einer anderen Kultur. Erklären Sie den Brauch dann aus Ihrer eigenen Perspektive. Beschreiben Sie Ihre persönlichen und kulturellen Assoziationen damit.

_____

_____

_____

_____

_____

_____

_____

_____

_____

GESUNDHEIT UND KRANKHEIT

Name _____

Datum _____

Klasse _____

VIDEOTHEK

A. Bad Ems. Hören Sie den Text und kreuzen Sie die richtigen Informationen an.

1. Welcher berühmte Schriftsteller reiste nach Bad Ems? ____
   a. der russische Schriftsteller Dostojewski   b. der deutsche Schriftsteller Heinrich Mann

2. Welcher Komponist machte Urlaub in Bad Ems? ____
   a. Johann Sebastian Bach   b. Richard Wagner   c. Wolfgang Amadeus Mozart

3. Wann trafen sich der französische Botschafter und der deutsche Kaiser in Bad Ems? ____
   a. 18. Juli 1870   b. 13. Juli 1870   c. 15. Juni 1870

4. Wozu führte diese Begegnung? ____
   a. zum Ersten Weltkrieg   b. zum Zweiten Weltkrieg
   c. zum Deutsch-Französischen Krieg

5. Im Zweiten Weltkrieg wurde die Stadt ____ zerstört.
   a. kaum   b. sehr

6. Heute können ____ zur Kur nach Bad Ems fahren.
   a. nur Könige und Kaiser   b. nur Schriftsteller und Komponisten
   c. Arbeiter und Angestellte

B. Susanne und Erika. Hören Sie zu und verbinden Sie die Fragen mit den richtigen Antworten. Dann hören Sie die Fragen; beantworten Sie sie mündlich mit den Antworten, die Sie ausgesucht haben.

1. Wer fährt in Kuren, laut Susanne?
2. Hat Susanne auch Familienmitglieder, die mal in einer Kur waren?
3. Wird Susanne auch mal zur Kur fahren?
4. Welches Familienmitglied von Erika fährt zur Kur?
5. Fühlt man sich denn in der Kur eigentlich frei?
6. Warum möchte Erika nicht so gern zur Kur fahren?

a. Also, sie findet das einfach etwas langweilig.
b. Ihre Tante geht immer zur Kur.
c. Ja, ihre Mutter war auch mal in einer Kur, und das hat ihr sehr geholfen.
d. Nein, man darf nicht machen, was man möchte.
e. Nein, sie glaubt, das wäre für sie noch nichts.
f. Sie kennt eigentlich nur ältere Leute, die sich in Kuren begeben.

C. Was machen diese Personen, um fit zu bleiben? Wer macht das: Claudia, Gürkan, Anett, Tobias oder Stefan? Kreuzen Sie die richtige Antwort an.

		CLAUDIA	GÜRKAN	ANETT	TOBIAS	STEFAN
1.	Aerobic	☐	☐	☐	☐	☐
2.	Rollerbladen	☐	☐	☐	☐	☐
3.	Rennen	☐	☐	☐	☐	☐
4.	Schwimmen	☐	☐	☐	☐	☐
5.	Joggen	☐	☐	☐	☐	☐
6.	Einmal, zweimal die Woche in einen Fitnessklub gehen	☐	☐	☐	☐	☐
7.	Fahrrad fahren	☐	☐	☐	☐	☐

D. Dirk, Daniela und Erika. Hören Sie zu und kreuzen Sie an, was diese Menschen alles machen.

		DIRK	DANIELA	ERIKA
1.	spielt Handball	☐	☐	☐
2.	geht sehr viel	☐	☐	☐
3.	rennt mit ihrem kleinen Hund um den See	☐	☐	☐
4.	geht gern schwimmen	☐	☐	☐
5.	spielt Tennis	☐	☐	☐
6.	ging früher in den Fitnessklub	☐	☐	☐
7.	fährt gern Schi	☐	☐	☐

E. Dirk, Grace, Stefan und Anett. Was finden diese Leute gesund oder nicht so gesund? Was versuchen sie, viel zu essen, und was wollen sie wenig oder gar nicht essen? Schreiben Sie ein Plus (+), wenn sie eine Sache viel essen wollen; schreiben Sie ein Minus (−), wenn sie eine Sache wenig oder gar nicht essen wollen.

	Obst (Früchte)	Gemüse	Vitamine	Fett	Salate	Brot	Fleisch
Dirk	+						
Grace							
Stefan							
Anett							

Beantworten Sie jetzt mündlich die Fragen, die Sie hören.

1. ... 2. ... 3. ...

F. Sie und Ihre Freunde. Was machen Sie und Ihre Freunde, um fit zu bleiben? Was essen Sie, um gesund zu bleiben? Schreiben Sie vier Sätze.

1. _____
   _____.

2. _____
   _____.

3. _____
   _____.

4. _____
   _____.

G. Ein Arztbesuch. Welcher Satz beschreibt welches Bild?

a. ____

b. ____

c. ____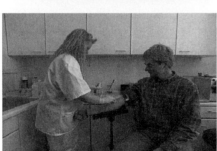

d. ____

e. ____

f. ____

1. Sven geht mit dem Fahrrad zum Arzt.
2. Sven wartet auf die Untersuchung.
3. Sven macht eine Faust.
4. Der Arzt fängt mit der Untersuchung an.
5. Der Arzt verschreibt Sven ein Blutdruckmittel.
6. Sven holt das Rezept bei der Anmeldung ab.

VOKABELN

A. Tipps zur Gesundheit. Sie hören ein Gespräch zwischen Eva Dietz und ihrer Freundin Karin Schmitt. Hören Sie zu und beantworten Sie dann die Fragen mündlich. Sie hören das Gespräch zweimal.

1. ...   2. ...   3. ...   4. ...   5. ...

B. Stimmt das oder stimmt das nicht? Kommentare zur Gesundheitsversorgung in Deutschland. Hören Sie zu und kreuzen Sie die richtige Antwort an.

		JA	NEIN
1.	Die Krankenkasse zahlt die Hälfte der Kosten für die Vorsorge.	☐	☐
2.	Das Messen des Blutdrucks gehört zur Vorsorge.	☐	☐
3.	Renate geht jedes zweite Jahr zur Vorsorge.	☐	☐
4.	Es ist wichtig für die Gesundheit, regelmäßig Sport zu treiben.	☐	☐
5.	Die Kosten für die Gesundheitsversorgung sind zu gering.	☐	☐

C. Was tun Sie für Ihre Gesundheit? Sie hören wie drei Studentinnen über Gesundheit und Fitness sprechen. Hören Sie zu und beantworten Sie die Fragen mündlich in ganzen Sätzen.

1. ...   2. ...   3. ...   4. ...

D. Ergänzen Sie die Sätze.

> die Krankenkasse
> atmen
> Heilmittel
> das Ergebnis
> Spielbank
> Vorsorge

1. Viele berühmte Kurorte wie z. B. Baden-Baden haben auch eine _____.

2. _____ der Untersuchung war negativ.

3. Der Arzt sagt zum Patienten: _____ Sie bitte tief durch.

4. _____ zahlt in bestimmten Fällen für eine Kur.

5. Für viele Krankheiten gibt es noch keine _____.

6. Regelmäßige _____ ist sinnvoll.

E. Ein Brief aus dem Urlaub. Sabine schreibt aus ihrem Urlaub im Schwarzwald einen Brief an ihre Freundin Erika in Berlin. Ergänzen Sie den Brief mit den Wörtern aus dem Kasten.

Fieber Medikament

regelmäßig

Wartezimmer

gesund Rezept

Lenzkirch, den 4. Juli

Liebe Erika,

mein Urlaub im Schwarzwald war bisher keine Erholung. Ich habe am zweiten

Urlaubstag hohes _____ [1] bekommen. Am

nächsten Tag bin ich zum Arzt gegangen. Das

_____ [2] war sehr voll und ich musste zwei

Stunden warten, weil ich keinen Termin hatte. Der Arzt hat eine Grippe

festgestellt und er gab mir ein _____ [3] für ein

_____ [4] gegen Fieber. Ich lag dann drei Tage im

Bett im Hotelzimmer. Der Arzt war sehr nett und hat mich

_____ [5] angerufen. Erst nach einer Woche war ich

wieder _____ [6] Leider habe ich noch nicht viel

vom Schwarzwald gesehen.

Liebe Grüße,
deine Sabine

STRUKTUREN

Reflexive Verbs and Pronouns

 A. Was machen diese Leute in ihrer Freizeit? Hören Sie zu und kreuzen Sie an, wer was macht.

	Hajo	Kerstin	Herr Dragow	Doris	Arndt	Frau Ehlich
malen						
reisen						
in die Spielbank gehen						
sich einfach entspannen						
lesen	X					
Musik hören						

B. Die Arzt-Hotline. Sie hören Dialoge zwischen Ärzten und Patienten. Hören Sie zu und ergänzen Sie die Lücken.

HERR JOCKEL: Frau Doktor, ich habe _____mich_____[1] furchtbar erkältet.

ÄRZTIN: Kaufen Sie _____[2] Echinacin und Vitamin C. Dann sollten Sie

_____[3] ins Bett legen.

FRAU HORVATH: Ich habe _____[4] bei der Gartenarbeit in den Finger geschnitten.

ARZT: Machen Sie _____[5] einen kleinen Verband.

MAX UND ERNA: Wir haben _____[6] beim Spielen einen Schnupfen geholt.

ÄRZTIN: Kocht _____[7] einen warmen Tee und zieht _____[8] wärmer an!

IRINA: Mein Mann fühlt _____[9] immer müde und schlapp.

ÄRZTIN: Das geht _____[10] auch öfter so. Er sollte _____[11] mal richtig

entspannen. Vielleicht können Sie _____[12] mal einen kleinen Urlaub gönnen.

 C. Umfrage in der Schule. Hören Sie zu und beantworten Sie die Fragen.

Sie hören: Worüber unterhalten sich die Studenten?
Sie lesen: die neue Lehrerin
Sie sagen: Sie unterhalten sich über die neue Lehrerin.
Sie hören: Sie unterhalten sich über die neue Lehrerin.

1. die großen Sommerferien
2. gute Noten in den Prüfungen
3. im Schwimmbad oder am See
4. schlechte Noten in einem Aufsatz
5. das, was die anderen Schüler machen
6. ihre Noten und Fächer

 D. Morgenroutine. Hören Sie zu und ergänzen Sie die Sätze mit den Informationen unten.

Sie hören: Ich kämme mich.
Sie lesen: die Haare
Sie sagen: Ich kämme mir die Haare.
Sie hören: Ich kämme mir die Haare.

1. die Haare
2. das Gesicht
3. die Zehennägel (*toenails*)
4. die Kleider

 E. Alltagsaktivitäten. Was machen diese Menschen? Hören Sie zu, schauen Sie sich die Bilder an und beantworten Sie die Fragen.

Sie hören: Was macht Hans Christian?
Sie sagen: Er duscht sich.
Sie hören: Er duscht sich.

1. ... 2. ... 3. ... 4. ... 5. ...

Hans Christian   Herr Otto   Hanna   Matthias

Frau Schubert
Herr Steckel
Frau Röttger   Gabriele   Frau Henze

F. Franziska geht in die Oper. Was hat sie gemacht, bevor sie ausgegangen ist? Schreiben Sie Sätze im Perfekt mit den Verben aus dem Kasten.

nach Hause kommen   sich abtrocknen   sich duschen
sich anziehen   sich in den Finger schneiden
sich fönen   sich die Zähne putzen   sich schminken
sich ausziehen   sich eincremen

1. Sie ist von der Arbeit nach Hause gekommen. _____
2. _____
3. _____
4. _____
5. _____
6. _____

G. Was ich so mache. Schreiben Sie von Ihrem Leben und verwenden Sie dabei die Verben im Kasten mindestens einmal.

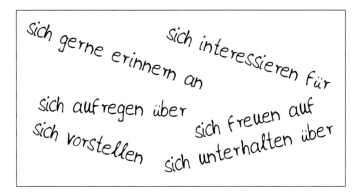

sich gerne erinnern an
sich interessieren für
sich aufregen über
sich freuen auf
sich vorstellen
sich unterhalten über

MODELL: Ich erinnere mich gerne an die schönen Wochenenden bei meinen Großeltern.

1. _____

_____

2. _____

_____

3. _____

_____

4. _____

_____

5. _____

_____

6. _____

Two-Way Prepositions

H. Das chaotische Restaurant. Nichts ist da, wo es hingehört. Schauen Sie sich das Bild an, hören Sie zu und beantworten Sie die Fragen.

Sie hören: Wo liegt die Speisekarte?
Sie sagen: Die Speisekarte liegt unter dem Tisch.
Sie hören: Die Speisekarte liegt unter dem Tisch.

1. ... 2. ... 3. ... 4. ... 5. ... 6. ... 7. ...

I. Die Kellnerin hat aufgeräumt. Wohin hat sie die Sachen gebracht? Schauen Sie sich die Bilder an, hören Sie zu und beantworten Sie die Fragen.

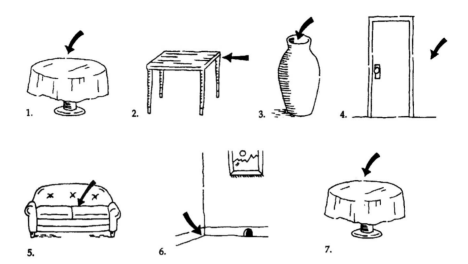

Sie hören: Wohin hat die Kellnerin die Speisekarte gelegt?
Sie sagen: Sie hat die Speisekarte auf den Tisch gelegt.
Sie hören: Sie hat die Speisekarte auf den Tisch gelegt.

1. ...   2. ...   3. ...   4. ...   5. ...   6. ...   7. ...

J. In der Kur. Herr und Frau Stahl sind nach Bad Wiessee zur Kur gefahren. Schreiben Sie ganze Sätze im Perfekt.

MODELL: Herr und Frau Stahl / fahren / in / die Kur →
              Herr und Frau Stahl sind in die Kur gefahren.

1.   Das Hotel / liegen / neben / der Tegernsee

_____

_____

2.   Hinter / der Tegernsee / sehen / sie / die Alpen

_____

_____

3.   Auf / die / Alpen / liegen / noch / Schnee

_____

_____

4.   Herr Stahl / legen / sich / jeden Tag / vormittags / in / das Bett

_____

_____

5.   Frau Stahl / hängen / die Kleider / in / der Kleiderschrank

_____

_____

K. Nachtgedanken. Wer oder was ist wo? Beantworten Sie die Fragen in ganzen Sätzen.

MODELL: Wo sitzt der Mann? (neben: die Frau) →
Der Mann sitzt neben der Frau.

1. Wo sitzt die Frau (neben: der Mann / auf: das Sofa)

_____

_____

2. Wo steht der Tisch (neben: das Sofa)

_____

_____

3. Wo steht die Tasse? (auf: der Tisch)

_____

_____

4. Wo liegt der Hund? (vor: der Tisch)

_____

_____

5. Wo hängt die Lampe? (über: der Tisch)

_____

_____

6. Wo steht der Fernseher? (mitten in: das Zimmer)

_____

_____

PERSPEKTIVEN

Hören Sie zu!

A. Feriengebiet Oberstaufen.
Hören Sie zu. Was fehlt?

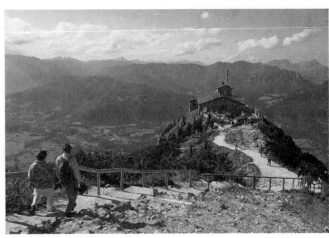

Oberstaufen im Allgäu.

Lieber Gast,

herzlich willkommen in der Kur- und _____[1] Oberstaufen mit seinen

Ortsteilen Aach, Thalkirchdorf und Steibis. Als anerkanntes und einziges Schrothheilbad

Deutschlands und heilklimatischer _____[2] bieten wir Ihnen erste Qualität für eine

erfolgreiche Schrothkur, ein anderes Heilverfahren Ihrer Wahl aus unserem umfangreichen Angebot

oder einen erholsamen Urlaub im gesunden _____[3] mit intakter Umwelt.

    Unser größtes Kapital sind die natürliche Landschaft und die gute _____.[4] Von

Umweltschutz reden wir schon lange nicht mehr, wir _____[5] ihn in allen

Bereichen des täglichen Lebens.

    Für erstklassige Luftreinheit sorgen unsere Fußgängerzonen mit viel Grün im Ortskern, die für

den Autoverkehr gesperrten Seitentäler und Alpenwege, unsere Nebelfreiheit und die

windgeschützte _____.[6] Schonender Umgang mit dem Trinkwasser und dem

Abwasser, geordnete, vorbildliche Mülltrennung und -entsorgung und nicht zuletzt für Gäste mit

gültiger Kurkarte kostenfreie Bustransfer Oberstaufen–Steibis–Skiarena–Hochgratbahn sind gute

_____.[7] Übrigens erhalten Sie mit der Kurkarte auch einmalig einen

kostenfreien Eintritt für eine Stunde im Panorama- und Erlebnisbad „Aquaria".

    Genießen Sie einen erholsamen und _____[8] Aufenthalt bei uns in Oberstaufen

im Allgäu!

B. Oberstaufen. Beantworten Sie die Fragen über Oberstaufer, die Sie hören.

    1. . . .   2. . . .   3. . . .   4. . . .   5. . . .   6. . . .

Lesen Sie!

Die Kneippgesundheitslehre. Pfarrer Sebastian Kneipp, geboren 1821, gestorben 1897, war ein Hirtenbub, der davon träumte, einmal Pfarrer zu werden. Nach langer Suche durfte er endlich das dafür nötige Latein lernen. Später wurde er durch sein Bestreben, eine ganzheitliche Gesundheitstherapie zu entwickeln, weltberühmt.

Sie lesen jetzt die fünf Prinzipien der Kneippgesundheitslehre in zwei verschiedenen Versionen, einmal als erweiterte Beschreibung und dann als kurze Zusammenfassung.

Wortschatz zum Lesen

der Kreislauf	*circulation (of the blood)*	die Muße	*leisure*
überliefern	*to hand down, pass on*	naturbelassen	*natural*
das Heilkraut	*medicinal herb*	das Spurenelement	*trace element*
die Nebenwirkung	*side effect*	der Guss	*shower*
der Ausgleich	*balance; compromise*		

Kneippgesundheitslehre

BESCHREIBUNG A

Körperliche Bewegung baut Stress ab und führt zu geistiger Entspannung. Je nach Konstitution kann man mit Schwimmen, Radfahren, Wandern oder Gymnastik Herz und Kreislauf stärken. Durch ein aktives Bewegungsprogramm wird der Muskelaufbau gefördert und der Bewegungsapparat fit gehalten.

BESCHREIBUNG B

Die Pflanzentherapie nach Sebastian Kneipp beruht auf alten, überlieferten Erfahrungen. Dank moderner Forschung können wir heute Heilkräuter erfolgreich zur Heilung verschiedenster Probleme benutzen. Ohne Nebenwirkungen bringen die Kräfte der Natur Körper und Seele wieder ins Gleichgewicht.

BESCHREIBUNG C

Im Wasser werden über die Haut Temperaturreize vermittelt, die im Körper positive Reaktionen auslösen. Die Wassertherapie stärkt die Abwehrkräfte und wirkt belebend auf Herz, Kreislauf und Nervensystem. Eine Wassertherapie nach Sebastian Kneipp kann individuell und genau abgestimmt werden.

BESCHREIBUNG D

Sebastian Kneipp war die Ganzheitlichkeit und die Einheit von Körper, Geist und Seele für seine Gesundheitsbildung sehr wichtig. Das bedeutet, Ausgleiche schaffen und Ruhe und Muße finden. Verschiedene Entspannungstechniken helfen dabei, seelisch stabil zu werden und Ordnung im Leben zu finden.

BESCHREIBUNG E

Mit gesunder Ernährung können viele Krankheiten vermieden werden. Ernährung nach Kneipp bedeutet eine ausgewogene, naturbelassene Vollwertkost. Obst und Gemüse, Vollkorn- und Milchprodukte versorgen den Körper reichlich mit Vitaminen, Spurenelementen und Mineralstoffen. Die Kneippsche Gesundheitskost ist einfach und die frischen Produkte erfreuen Augen und Gaumen und sorgen für Wohlbefinden.

* * * * *

ZUSAMMENFASSUNG

1. Die Hydrotherapie beruht auf der Heilkraft des Wassers. Durch Waschungen und Bäder, Güsse und Wassertreten wird Ihr Organismus zu positiven Reaktionen geführt.

2. Durch aktive körperliche Bewegung stärken Sie das Herz-Kreislauf-System. Die vegetativen Funktionen harmonisieren und die Seele entspannt sich.

3. Die von Kneipp gelobte einfache, nahrhafte Kost harmonisiert mit den heutigen Erkenntnissen der modernen Ernährungslehre. Sie besteht aus naturgerechter Vollkost ohne Einseitigkeiten.

4. Die Wirksamkeit der Heilkräuter, ob innerlich oder äußerlich, wird in der kneippschen Therapie gezeigt.

5. Die Ordnungstherapie hat eine ausgewogene, natürliche Lebensführung zum Ziel, die der Einheit von Körper und Seele gerecht wird.

C. Lesen Sie die Texte noch einmal und vergleichen Sie die zwei Versionen. Sie haben bestimmt gemerkt, dass die Themen in den zwei Versionen in verschiedenen Reihenfolgen stehen. Ergänzen Sie die Tabelle unten: wo steht jedes Thema?

	Beschreibung	Zusammenfassung
1. Ernährung	E	3
2. Lebensrhythmus		
3. Wasser		
4. Heilpflanzen		
5. Bewegung		

D. Nach welchen Kneippprinzipien soll man sich richten? Suchen Sie das richtige Prinzip für folgende Gesundheitsbedürfnisse. Kreuzen Sie B für Bewegung, E für Ernährung, H für Heilpflanzen, L für Lebensrhythmus oder W für Wasser an.

Welches Prinzip soll man anwenden, wenn man . . .

	B	E	H	L	W
1. das Herz-Kreislaufsystem stärken will?	☐	☐	☐	☐	☐
2. sich entspannen will?	☐	☐	☐	☐	☐
3. die Abwehrkräfte (*resistance*) stärken will?	☐	☐	☐	☐	☐
4. das Nervensystem beleben will?	☐	☐	☐	☐	☐
5. einer Krankheit vorbeugen (*prevent*) will?	☐	☐	☐	☐	☐
6. die Seele ins Gleichgewicht bringen will?	☐	☐	☐	☐	☐
7. Stress abbauen will?	☐	☐	☐	☐	☐
8. den Muskelaufbau fördern will?	☐	☐	☐	☐	☐

Schreiben Sie!

E. Ihre Kneippkur. Der Arzt hat Ihnen eine Kneippkur verschrieben und Sie wollen einige Zeit im Kneipp-Sanatorium St. Ulrich verbringen. Sie schreiben einen Brief an Ihre Eltern / Ihren Freund / Ihre Freundin und erzählen vom Tagesablauf im Sanatorium.

SCHRITT 1: Schauen Sie sich die fünf Prinzipien noch einmal an. Welche spezifischen Aktivitäten, Lebensmittel, Pflanzen usw. gehören zu diesen Prinzipien? Machen Sie eine Liste mit so vielen Elementen, wie Sie sich ausdenken können.

WASSER	HEILPFLANZEN	BEWEGUNG	ERNÄHRUNG	LEBENSRHYTHMUS
Bad	*Lavendel*	*Schwimmen*	*Vollkornbrot*	*Meditation*
	Rosmarin			

SCHRITT 2: Wie sieht der Tagesablauf in St. Ulrich wohl aus? Benutzen Sie Ihre Phantasie! Sie können natürlich auch den tatsächlichen Tagesablauf im Kneipp-Sanatorium St. Ulrich recherchieren—versuchen Sie, die Webseite zu finden, oder suchen Sie Bücher oder Enzyklopädienartikel in der Bibliothek.

Was machen Sie? Wann machen Sie das? Was isst man zum Frühstück, zum Mittagsessen, zum Abendessen, zwischendurch? Füllen Sie den Tagesplan für Montag aus.

MONTAG, DEN 6. 10.

7.00	
9.00	
12.00	
14.00	
18.00	
22.00	

SCHRITT 3: Schreiben Sie jetzt an Ihre Eltern, Ihren Freund oder Ihre Freundin. Beschreiben Sie den Montag im St. Ulrich Sanatorium. Vergessen Sie Datum, Begrüßung (Lieber, Liebe) und Schluss (mit herzlichen Grüßen, deine/deiner) nicht.

Name _____

Datum _____

Klasse _____

WIEDERHOLUNG 11

• •

VIDEOTHEK

• •

A. Die Volkshochschule. Hören Sie zu und beantworten Sie die Fragen, die Sie anschließend hören. Suchen Sie jeweils die beste Antwort.

Viele Frauen belegen kreative Kurse wie diesen.

1. Zu DDR-Zeiten gab es Kurse wie Maschineschreiben und Fremdsprachen. Welche Kurse gibt es jetzt?
   a. Es gibt ein grosses Spektrum an Kursen.
   b. Es gibt nur zwei künstlerische Kurse: Malen und Töpfern.
2. An welchem Kurs nehmen Claudia und Bärbel teil?
   a. Sie nehmen an einem Computerkurs für Frauen an der Volkshochschule Potsdam teil.
   b. Sie nehmen an einem Malkurs der Volkshochschule Potsdam teil.
3. Welchen Teil der Kosten bezahlt der Teilnehmer selber?
   a. Der Teilnehmer bezahlt nur ein Drittel der Kosten für jeden Kurs.
   b. Ein Drittel der Kurse sind für den Teilnehmer kostenlos.
4. Was haben die Teilnehmerinnen über den Malkurs gesagt?
   a. Malen ist wie Meditation; Malen gibt Spaß und Freude.
   b. Malen ist auch für das Berufsleben sehr nützlich.

B. Fakten. Hören Sie zu und setzen Sie die fehlenden Wörter ein.

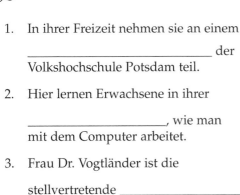

Frau Vogtländer

1. In ihrer Freizeit nehmen sie an einem
   _____ der
   Volkshochschule Potsdam teil.

2. Hier lernen Erwachsene in ihrer
   _____, wie man
   mit dem Computer arbeitet.

3. Frau Dr. Vogtländer ist die
   stellvertretende _____
   der Volkshochschule Potsdam.

4. Die _____ unseres
   Programms hat sich seit DDR-Zeiten doch wesentlich verändert.

C. Wie verbrachten die Menschen ihren Urlaub? Hören Sie zu und ordnen Sie die richtigen Aussagen zu.

1. Wohin fuhren die Menschen vor hundert Jahren?
2. Was konnte man in den zwanziger Jahren machen, wenn man reich war?
3. Wie wurde der Urlaub in der Zeit des Nationalsozialismus organisiert?
4. Wohin durften die DDR-Bürger reisen?
5. Was waren die beliebtesten Reiseziele der Westdeutschen in den fünfziger und sechziger Jahren?

a. Für Mädchen und Jungen gab es Ferienlager. Für Erwachsene organisierte man Schiffsreisen.
b. Man konnte eine Schiffsreise machen.
c. Sie fuhren nach Österreich, Italien und Spanien.
d. Sie durften nur noch nach Ungarn, Rumänien und Bulgarien reisen.
e. Sie fuhren an Badeseen in der Nähe, an die Nordsee oder die Ostsee oder nach Bayern.

VOKABELN

A. Die Freizeit. Setzen Sie die richtigen Wörter aus dem Wortkasten ein.

sich langweilen — im Freien
Kleingarten
Gartenarbeit
verbringen
Lagerfeuer — grillen
zelten

1. Meine Mutter entspannt sich am besten bei der _____.

2. Meine Eltern haben einen _____.

3. Ich gehe gern _____.

4. Dabei liebe ich am meisten das _____ am Abend.

5. Mir schmecken die Bratwürste am besten, die wir abends _____.

6. Meine Freundin Daniela _____ ihre Freizeit am liebsten mit Töpfern.

7. Sie hat immer etwas zu tun, deshalb _____ sie

   _____ nie.

8. Grit schläft am liebsten _____.

B. Ein Rätsel. Welche Sätze passen zusammen?

1. Ich liege am liebsten in der Sonne.
2. Daniel ist im Urlaub immer in Bewegung.
3. Der Fernseher ist viel zu teuer.
4. Claudia steht am Gleis auf dem Bahnhof.
5. Mit meinem Rucksack verreise ich am liebsten.
6. Michael macht nächste Woche Urlaub in Costa Rica.

a. Den kann ich mir nicht leisten.
b. Ich brauche ihn zum wandern.
c. Da kann man sich bräunen.
d. Er ist schon sehr gespannt.
e. Deshalb ist er immer sehr aktiv.
f. Der Zug nach Rügen hat Verspätung.

C. Die Gesundheit. Kreuzen Sie das richtige Wort an.

1. Für den Arztbesuch braucht man ____.
   a. einen Rucksack
   b. eine Versicherung

2. Ich rege mich oft auf. Mein ____ ist hoch.
   a. Urlaub
   b. Blutdruck
   c. Umstand

3. In der Apotheke kauft man ____.
   a. Bonbons
   b. Geschenke
   c. Medikamente

Sven wartet auf den Arzt.

4. Sie werden vom Arzt ____.
   a. gekauft
   b. verschrieben
   c. vergnügen

5. Felicitas isst kein Fleisch. Sie lebt ____.
   a. verzweifelt
   b. vegetarisch
   c. tief

STRUKTUREN

A. Notizen aus der Geschichte. In welchem Jahr ist das passiert? Hören Sie zu und verbinden Sie die Daten mit den passenden Fakten.

800 _____   1832 _____

1517 _____   1912 _____

1618 _____   1919 _____

1791 _____   1927 _____

1. ist die Titanic gegen einen Eisberg gefahren.
2. hat man Mozarts „Zauberflöte" zum ersten Mal gespielt.
3. ist Johann Wolfgang von Goethe gestorben.
4. hat Luther gegen Kaiser und Kirche gesprochen.
5. ist Karl der Große Kaiser geworden.
6. hat der Dreißigjährige Krieg begonnen.
7. ist Lindbergh über den Atlantik geflogen.
8. hat man Friedrich Ebert zum ersten Präsidenten der Weimarer Republik gewählt.

B. Was macht Dagmar morgens? Hören Sie zu und bringen Sie die Bilder in die richtige Reihenfolge.

C. Dagmars Tagesablauf. Hören Sie zu und beantworten Sie die Fragen mit Hilfe der Bilder aus der Aktivität B.

Sie hören: Was hat Dagmar zuerst gemacht?
Sie sehen: Bild 1: Dagmar steht auf.
Sie sagen: Sie ist aufgestanden.   1. ... 2. ... 3. ... 4. ... 5. ...
Sie hören: Sie ist aufgestanden.   6. ... 7. ... 8. ... 9. ...

D. Gastspiel in Bad Wampersham. Der bekannte Schauspieler Siggi Moosgruber erzählt von einem Gastspiel in Bad Wampersham. Ergänzen Sie die Lücken mit der passenden Form des Modalverbs im Imperfekt.

Vor einigen Wochen _____[1] ich ein Gastspiel in Bad Wampersham geben

(sollen). Vor der Vorstellung _____[2] ich mit dem Bürgermeister zu Abend

essen (dürfen). Er erzählte mir, dass fast alle Bürger von Bad Wampersham zu meiner Vorstellung

kommen _____[3] (wollen). Als wir dann in den Theatersaal gehen

_____,[4] _____[5] der Bürgermeister den Schlüssel

nicht finden (wollen / können). Er _____[6] durch das Fenster in den

Theatersaal steigen (müssen). Doch er war so dick, dass er im Fenster stecken blieb und sich nicht

mehr bewegen _____[7] (können). Wir _____[8] die

Feuerwehr holen (müssen). Die Vorstellung _____[9] allerdings ausfallen,

denn es war schon viel zu spät geworden (müssen).

E. Ihre Heimatstadt. Beantworten Sie die folgenden Fragen mit ganzen Sätzen.

1. Wo kann man in Ihrer Heimatstadt am besten einkaufen?

   _____

   _____

2. Wohin geht man, wenn man in Ihrer Heimatstadt gut essen will?

   _____

   _____

3. Wo kann man sich in Ihrer Heimatstadt am besten erholen?

   _____

   _____

4. Wo kann man sich in Ihrer Heimatstadt in die Sonne legen?

   _____

   _____

5. Wohin kann man in der Innenstadt sein Auto stellen?

   _____

   _____

34 MULTI-KULTI?

VIDEOTHEK

 A. Ergüns Meinung. Ergün Çevik beschreibt Deutschland und die Deutschen. Hören Sie zu und setzen Sie die fehlenden Wörter ein.

1. _____ ist in Deutschland _____.

2. Ich bin Türke und _____ schon lange in _____.

3. Das Erste, was mir zu Deutschland einfällt, ist _____, Ordnung und

    _____.

4. Für mich zeigt sich in einem _____ die deutsche Seele.

B. Ergüns Leben in Deutschland. Ordnen Sie die Bilder den Aussagen zu.

a.

b.

c.

d.

1. ____ Damit sich alle an die Regeln halten, ist alles beschildert.

2. ____ Und diese Genauigkeit: Verkehrsschilder an einem solchen Ort.

3. ____ Ein Terminkalender ist eine sehr wichtige Sache.

4. ____ Bei Rot stehen, bei Grün gehen.

5. ____ Wenn du eine Verabredung mit einem Deutschen hast, verspäte dich nie länger als fünf Minuten.

e.

C. Eine Verabredung. Hören Sie zu und beantworten Sie die Fragen.

1. Wie lange musste Ergün auf seinen Freund warten? _____

   _____

2. Warum ist Ergün böse? _____

   _____

3. Was sagt sein Freund als Entschuldigung? _____

   _____

4. Was rät Ergün seinem Freund? _____

   _____

5. Warum sagt sein Freund: „Du bist ja schlimmer als ein Deutscher"? _____

   _____

 D. Deutsches Essen. Sagen Sie, aus welchen Ländern diese Gerichte kommen.

italienisch türkisch
griechisch arabisch
thailändisch deutsch

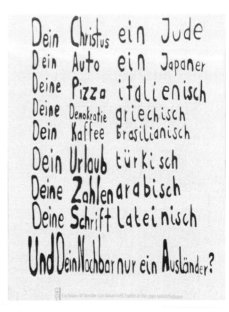

Dein Christus ein Jude
Dein Auto ein Japaner
Deine Pizza italienisch
Deine Demokratie griechisch
Dein Kaffee brasilianisch
Dein Urlaub türkisch
Deine Zahlen arabisch
Deine Schrift lateinisch
Und Dein Nachbar nur ein Ausländer?

MODELL: Ravioli →
         Ravioli ist italienisch.

1. Döner: _____

2. Pad Thai: _____

3. Sauerkraut und Schweinebraten: _____

4. Moussaka: _____

5. Pizza: _____

6. Tabouli: _____

E. Stereotypen. Welche der folgenden Eigenschaften sind für Sie „typisch" deutsch? Welche Eigenschaften sind auch „typisch" in Ihrem Land? Welche nicht? Gibt es auch andere Eigenschaften, die Sie für „typisch" deutsch oder bei Ihnen „typisch" halten?

Pünktlichkeit   Ordnung
Sauberkeit   Genauigkeit
Toleranz   Akzeptanz
Aufgeschlossenheit
Freundlichkeit

DEUTSCHLAND   MEIN LAND

_____   _____

_____   _____

_____   _____

_____   _____

_____   _____

_____   _____

_____   _____

 F. Vom Sauerkraut zur Pizza. Hören Sie zu und beantworten Sie die Fragen.

Ein Fernsehkoch in den fünfziger Jahren.

1. _____ Was sind zwei typisch deutsche Gerichte?
   a. Koteletts und Knoblauch
   b. Zucchini und Lammfleisch
   c. Bratwürste und Schnitzel

2. _____ Wann begann in Deutschland die Zeit des Wohlstands?
   a. In den fünfziger Jahren.
   b. Um die Jahrhundertwende.
   c. Vor dem Krieg.

3. _____ Warum kamen so viele Ausländer nach Deutschland?
   a. Weil sie Restaurants eröffnen wollten.
   b. Weil die deutsche Industrie neue Arbeitskräfte suchte.

4. _____ Aus welchen Ländern kamen ausländische Arbeiter in den sechziger Jahren nach Deutschland?
   a. Hauptsächlich aus Ländern südlich von Deutschland, wie Italien und Spanien.
   b. Hauptsächlich aus Skandinavien und den USA.
   c. Nur aus Afrika und Asien.

G. Deutschland und Österreich: multikulturelle Gesellschaften. Hören Sie Susanne und Daniela zu und schreiben Sie dann die Antworten zu diesen Fragen auf.

1. Susanne nennt zwei Gründe, warum ihr die multikulturelle Gesellschaft in Deutschland gefällt. Was sind die zwei Gründe?

   _____

   _____

2. Was sagt Susanne, woher die Einwanderer kommen?

   _____

   _____

3. Was erwähnt Daniela zur Kultur der Ausländer in Österreich?

   _____

   _____

4. Gab es früher auch so viele ausländische Restaurants in Österreich?

   _____

   _____

5. Inwiefern tragen Ausländer zur wirtschaftlichen Situation in Österreich bei?

   _____

   _____

H. Rassismus und Ausländerfeindlichkeit in Deutschland. Hören Sie zu, wie Grace von einem unangenehmen Gespräch erzählt. Wer hat was gesagt, und in welcher Reihenfolge? Stellen Sie das Gespräch wieder zusammen.

1. DER BEAMTE: ____
2. GRACE: ____
3. DER BEAMTE: ____
4. GRACE: ____
5. DER BEAMTE: ____
6. GRACE: ____

   a. „Aber du bist doch schwarz."
   b. „Gut, dann duze ich dich eben auch. Guck dir meinen Pass an und lass mich durch!"
   c. „Hätten Sie etwas dagegen mich zu siezen?"
   d. „Ja, ich bin aber Deutsche."
   e. „Na ja, also Ausländer müssen da drüben hin."
   f. „Schwarze braucht man nicht zu siezen."

VOKABELN

· ·

 A. Eine Italienerin in Deutschland. Hören Sie Immacolata Sartori über ihre Erfahrungen als Italienerin in Deutschland sprechen. Sie hören den Text zweimal. Dann beantworten Sie bitte die Fragen mündlich. Antworten Sie in ganzen Sätzen.

1. ... 2. ... 3. ... 4. ... 5. ... 6. ...

 B. Stimmt das oder stimmt das nicht? Sie hören Immacolata Sartori noch einmal. Hören Sie zu und kreuzen Sie die richtige Antwort an.

		JA	NEIN
1.	Immacolatas Eltern hatten strenge Regeln.	☐	☐
2.	Frau Sartori konnte gut Deutsch sprechen.	☐	☐
3.	Familie Sartori hat in Deutschland Asyl beantragt.	☐	☐
4.	Immacolata wollte nicht in Deutschland studieren.	☐	☐
5.	Herr Sartori kam als Gastarbeiter in die Bundesrepublik.	☐	☐

 C. Eigenschaften. Sie hören verschiedene Aussagen über die Eigenschaften der Deutschen. Hören Sie zu und beantworten Sie dann die Fragen mündlich. Sie hören die Aussagen zweimal.

1. ... 2. ... 3. ... 4. ... 5. ... 6. ...

 D. Stimmt das oder stimmt das nicht? Karin und Onur unterhalten sich über deutsche Essgewohnheiten. Hören Sie zu und kreuzen Sie die richtige Antwort an.

		JA	NEIN
1.	Vor zehn Jahren gab es ein türkisches Restaurant in Karins Stadt.	☐	☐
2.	Als Onurs Familie nach Deutschland kam, gab es nur ein türkisches Lebensmittelgeschäft in der Stadt.	☐	☐
3.	Karin mag türkisches Brot.	☐	☐
4.	Onurs Großmutter geht nicht in deutsche Läden.	☐	☐
5.	Heute gibt es Restaurants und Lebensmittel aus vielen Ländern.	☐	☐
6.	Onur und Karin wollen chinesisch essen gehen.	☐	☐

E. Ausländische Arbeiter in Deutschland. Ergänzen Sie die Sätze.

Essgewohnheiten   Asyl

beitragen   Einwanderer

Arbeitsplätze   Verachtung

1. Die _____ der Deutschen haben sich in den letzten zwanzig Jahren geändert.

2. Nach der Wende sind viele _____ nach Deutschland gekommen.

3. Viele Ausländer haben in Deutschland _____ gesucht.

4. Nicht selten ist man ihnen mit _____ begegnet.

5. Viele Deutsche hatten Angst um ihre _____.

6. Andere glauben aber, dass die Einwanderer zum kulturellen Reichtum

   _____.

F. Eine multikulturelle Gesellschaft? Finden Sie die zwei Verben, die zu jedem Satz passen.

1. Ausländer werden manchmal ____.
   a. geduzt
   b. verfolgt
   c. bestellt

2. Einen Termin kann man ____.
   a. einhalten
   b. siezen
   c. vereinbaren

3. Die politische Stimmung in einem Land kann man ____.
   a. beeinflussen
   b. beachten
   c. einfallen

4. Gute Bekannte und Freunde sollte man ____.
   a. duzen
   b. siezen
   c. begrüßen

5. Verkehrsregeln muss man ____.
   a. beachten
   b. einhalten
   c. beeinflussen

STRUKTUREN

Relative Clauses

A. Drei Austauschstudenten erzählen von ihrer Heimat. Hören Sie zu und ergänzen Sie die Relativpronomen.

RASHID: Ich bin in Tunesien geboren, in einer kleinen Stadt, in _____[1] es einen tollen Markt gibt. Das Haus, in _____[2] meine Eltern wohnen, liegt etwas außerhalb der Stadt. Wir haben einen großen Garten mit alten Obstbäumen, an _____[3] köstliche Früchte wachsen.

MARCELLA: Ich komme aus einem Dorf in der Nähe von Florenz. Jeden Tag musste ich mit einem Bus, _____[4] schon ziemlich alt und klapprig war, eine Stunde nach Florenz in die Schule fahren. Die Schule, auf _____[5] ich gegangen bin, war ziemlich groß, und ich habe dort viele nette Leute kennen gelernt, zu _____[6] ich aber heute kaum noch Kontakt habe.

SAM: Ich komme aus der Stadt, _____[7] viele Leute den „Big Apple" nennen, aus New York in den USA. New York ist eine Wahnsinns-Stadt, in _____[8] immer etwas los ist. Meine Familie, _____[9] ich sehr vermisse, kommt mich im Sommer hier in Deutschland besuchen. Wir machen eine Reise nach Italien, in das Land, in _____[10] die Zitronen blühen.

B. Fragen über die Austauschstudenten. Jetzt hören Sie zu und beantworten die Fragen mit Hilfe der Informationen aus Aktivität A.

Sie hören: In was für einer Stadt ist Rashid geboren?
Sie sagen: In einer Stadt, in der es einen tollen Markt gibt.
Sie hören: In einer Stadt, in der es einen tollen Markt gibt.

1. ... 2. ... 3. ... 4. ... 5. ...

C. Woher haben Sie diese Sachen? Ihre Freunde fragen Sie, woher Sie die Sachen für Ihre neue Wohnung haben. Hören Sie zu und beantworten Sie ihre Fragen.

Sie hören: Woher hast du den Tisch?
Sie lesen: der Tisch: auf dem Flohmarkt gekauft
Sie sagen: Das ist der Tisch, den ich auf dem Flohmarkt gekauft habe.
Sie hören: Ach so, das ist der Tisch, den du auf dem Flohmarkt gekauft hast!

1. die Lampe: im Möbelhaus gesehen
2. das Bett: mir meine Eltern geschenkt
3. der Teppich: von einem Freund bekommen
4. die Tassen: auf dem Flohmarkt gefunden
5. der Spiegel: von meiner Großmutter geliehen
6. die Stühle: schon immer gehabt

D. Wer sind diese Leute? Hören Sie zu und beantworten Sie die Fragen mit Hilfe der Informationen aus der Tabelle.

Sie hören: Wer ist Herr Czerni?
Sie lesen: Herr Czerni: Ingenieur: kommt aus Ungarn
Sie sagen: Herr Czerni ist ein Ingenieur, der aus Ungarn kommt.
Sie hören: Herr Czerni ist ein Ingenieur, der aus Ungarn kommt.

Herr Czerni	Ingenieur	kommt aus Ungarn
Ye-Tsang	Student	studiert in Tübingen
Natascha	Schülerin	geht in Augsburg aufs Gymnasium
Kevin	Amerikaner	arbeitet in einem Reisebüro in Köln
Svenja	Krankenschwester	kommt aus Finnland
José	Spanier	macht ein Praktikum bei Siemens
Frau Kalawna	Ärztin	ist in der Ukraine geboren

1. . . .   2. . . .   3. . . .   4. . . .   5. . . .   6. . . .

 E. Regionalspezialitäten. Woher kommen diese Spezialitäten?

MODELL: Münchner Weißwürste sind Würste, →
         die aus München kommen.

1. Wiener Schnitzel ist ein Schnitzel, . . .

   _____

2. Thüringer Rostbraten ist ein Braten, . . .

   _____

3. Nürnberger Bratwürste sind eine Spezialität, . . .

   _____

4. Salzburger Mozartkugeln sind Schokoladenpralinen, . . .

   _____

5. Badischer Spargel ist ein Gemüse, . . .

   _____

F. Martin, der Musiker. Verbinden Sie die folgenden Sätze mit einem Relativsatz.

MODELL: Martin ist Musiker und spielt in einem Orchester. Das Orchester ist in der ganzen Welt bekannt. →
Martin ist Musiker und spielt in einem Orchester, das in der ganzen Welt bekannt ist.

1. Martin spielt eine wertvolle Geige. Die Geige hat ihm sein Großvater geschenkt.

   _____

2. Jeden Tag fährt Martin zum Opernhaus. In diesem Haus probt das Orchester.

   _____

3. Der Dirigent kommt aus der Tschechischen Republik. Seine Schwester spielt im Orchester die erste Geige.

   _____

4. Martin sitzt neben der Schwester des Dirigenten. Er geht auch ab und zu mit ihr einen Kaffee trinken.

   _____

5. Dann sprechen sie über Sachen. Für diese Sachen interessieren sich beide.

   _____

6. Nächste Woche macht das Orchester eine Tournee durch Frankreich. Auf diese Tournee freut sich Martin schon lange.

   _____

Infinitive Clauses with *zu*

G. Gert hat die Konzertkarten vergessen. Hören Sie zu und ergänzen Sie die Lücken. Sie hören den Text zweimal.

Gestern Abend hat Gert seine Freundin in der Stadt getroffen. Er ist mit dem Bus gekommen,

_____ [1] mit dem Auto _____ [2] _____ .[3] Seine Freundin

hat an der Bushaltestelle auf ihn gewartet. Die beiden wollten ins Konzert gehen, _____ [4] eine

Symphonie von Mahler _____ [5] _____ .[6]

Aber dann bemerkte Gert, dass er aus dem Haus gegangen war, _____ [7] die Karten

_____ .[8] So was Dummes! Sie hatten sehr wenig Zeit. Aber seine Freundin

hatte eine Idee. Die beiden fuhren mit dem Taxi zu Gerts Wohnung, _____ [9] die Karten _____ [10]

_____ .[11]

Zu Hause bemerkte Gert, dass er die Karten gekauft hatte, _____ [12] auf das Datum

_____ [13] _____ .[14] Das Konzert war erst am nächsten Tag! Na also! Doch keine Eile!

Schließlich beschlossen Gert und seine Freundin, eine Kleinigkeit _____ [15] _____ .[16]

H. Was macht diesen Leuten Spaß, wozu haben sie keine Lust? Hören Sie zu und antworten Sie mit Hilfe der Informationen aus der Tabelle.

Sie hören: Johanna
Sie lesen: Johanna: in der Sonne liegen; Zimmer aufräumen
Sie sagen: Es macht ihr Spaß, in der Sonne zu liegen.
          Sie hat keine Lust, ihr Zimmer aufzuräumen.
Sie hören: Es macht ihr Spaß, in der Sonne zu liegen.
          Sie hat keine Lust, ihr Zimmer aufzuräumen.

	das macht ihnen Spaß	**dazu haben sie keine Lust**
Johanna	in der Sonne liegen	Zimmer aufräumen
Robert	im Garten arbeiten	ins Kino gehen
Frau Smerlewski	im Sommer grillen	in der Sonne liegen
Herr Pohl	Vorträge hören	sonntags arbeiten
Antje	Spanisch lernen	Physikaufgaben lösen

 I. Schüler in Deutschland und auf der ganzen Erde. Beantworten Sie die folgenden Fragen mit Infinitivsätzen.

MODELL: Worauf freuen sich viele Schüler? (im Sommer lange Ferien haben) →
        Viele Schüler freuen sich darauf, im Sommer lange Ferien zu haben.

1. Worüber sprechen viele Schüler? (später studieren oder arbeiten)

_____

2. Worüber beschweren sich viele Schüler? (schwere Klausuren schreiben müssen).

_____

3. Woran denken viele Schüler? (sich nach der Schule zu entspannen)

_____

 J. Nach der Party. Ihre Freunde wollen Ihnen helfen, aber das brauchen sie nicht mehr zu machen. Schreiben Sie negative Sätze mit **brauchen** oder **müssen**.

MODELL: Ludwig: „Soll ich dir beim Aufräumen helfen?" →
        Nein, du brauchst mir nicht beim Aufräumen zu helfen.

    oder: Nein, du musst mir nicht beim Aufräumen helfen.

1. Saskia und Jasmin: „Sollen wir das Geschirr spülen?"

_____

2. Helmut: „Kann ich die Stühle in die Ecke stellen?"

_____

3. Mustafa: „Musst du morgen früh aufstehen?"

_____

PERSPEKTIVEN

•••

Hören Sie zu!

 A. Ausländische Studenten zu Gast in Würzburg. Hören Sie zu. Was fehlt?

FRAGE: Guten Tag, Sarah und Magnus. Würdet ihr euch bitte unseren Hörern _____[1]?

SARAH: Guten Morgen. Mein Name ist Sarah, ich bin _____[2] Jahre alt und studiere hier ein Semester Germanistik und Slawistik. Oh ja, ich komme aus Flagstaff, Arizona.

MAGNUS: Ja, hallo, hallöchen. Ich heiße Magnus und komme von der _____[3] in Umeå in Schweden. Ich studiere Germanistik und Naturwissenschaften auf Lehramt

Gymnasium hier. Außerdem unterrichte ich auch Schwedisch hier an der _____.[4]

FRAGE: Magnus, wie hast du so gut Deutsch gelernt? Bist du _____[5] aufgewachsen?

MAGNUS: Nein. Ich hatte sechs Jahre Deutschunterricht an der Schule und dann habe ich noch

_____[6] an der Uni belegt.

FRAGE: Welche Sprachen werden denn an schwedischen Schulen unterrichtet?

MAGNUS: Englisch ist bei uns natürlich die erste _____[7]; als zweite Fremdsprache kann man an den meisten Schulen Französisch, Spanisch und Deutsch wählen.

FRAGE: Sarah, wie steht es denn mit den Sprachen bei dir zu Hause? Lernen viele Amerikaner in

Arizona _____[8]?

SARAH: Nein, eigentlich nicht so viele. Leider. Ich finde Deutsch eine tolle Sprache. Bei uns im

Südwesten lernen viele Studenten _____[9] wegen der geographischen Nähe zu Mexiko.

FRAGE: Was macht ihr zwei denn in eurer _____[10] hier in Würzburg?

SARAH: Ich spiele hier in einer Softballmannschaft. Das ist eine typisch amerikanische

_____,[11] aber es ist schön, dass hier verschiedene Nationalitäten zusammen spielen. Wir sind zwei Amerikaner, ein Finne, ein Italiener, eine Engländerin und einige Deutsche.

MAGNUS: Ich _____[12] mich oft mit den anderen Austauschstudenten der Universität Umeå. Im Sommer veranstalten wir manchmal eine Mittsommernachtsfeier und laden

_____[13] auch die anderen Nationalitäten ein. Am dreizehnten Dezember

feiern wir dann auch alle _____[14] das Fest der Heiligen Lucia.

FRAGE: Warum studiert ihr beide denn in Würzburg?

SARAH: Mir gefällt die Stadt sehr gut. Ich war schon einmal vor einigen Jahren hier, musste meinen

_____[15] damals aber leider abbrechen.

MAGNUS: Die Tatsache, dass die Uni hier und meine Uni Partneruniversitäten sind, hat meine Wahl natürlich klar beeinflusst. Aber gefallen tut es mir hier schon sehr. Ich finde es sehr interessant, dass es hier so viele verschiedene Kulturen gibt.

FRAGE: Das ist schön zu hören. Vielen Dank für das Gespräch mit euch.

B. Wissen Sie das noch? Beantworten Sie mündlich die Fragen, die Sie zum Text hören. Sie können sich natürlich auch Aktivität A zur Hilfe ansehen.

1. ... 2. ... 3. ... 4. ... 5. ... 6. ... 7. ... 8. ... 9. ... 10. ...

Lesen Sie!

 C. Zum Thema. Beantworten Sie die Fragen.

1. Woher kommen heute die meisten Einwanderer in die USA? _____

   _____

2. Warum kommen sie in die USA? _____

   _____

3. Wie werden Einwanderer in den USA akzeptiert/behandelt? _____

   _____

4. Kommen Asylbewerber in die USA? Wenn ja, woher kommen sie und warum? _____

   _____

Die Schweizer Zeitschrift „Beobachter" stellte folgende Frage an Jugendliche in der Schweiz: „Wie erlebe ich meine schweizerischen/ausländischen Mitschülerinnen und Mitschüler?" Real- und Sekundarschulklassen aus dem deutschsprachigen Raum der Schweiz machten mit. Sie lesen jetzt Zitate aus Aufsätzen zu diesem Thema.

Ausländische Schüler und Schülerinnen in einem
Klassenzimmer von heute.

Wortschatz zum Lesen

die Gewalttat	*act of violence*
der Einzelgänger	*loner*
anständig	*decently*

„Wie erlebe ich meine schweizerischen/ausländischen Mitschülerinnen und Mitschüler?"

1. „Die Ausländer, die mit mir in die Klasse gehen, sind für mich Schweizer."

—*Stefan, 15, Schweizer, Kanton Aargau*

2. „Sicher gibt es schweizerische Kinder, bei denen immer, wenn etwas gestohlen wurde, die Ausländer die Schuldigen sind. Kinder, die so denken und handeln, wurden vielleicht von den Eltern so ausländerfeindlich erzogen."

—*Andrea, 16, Schweizerin, Baselland*

3. „Wenn ich denke, dass genau diese Menschen, mit denen jetzt viele Probleme haben, aus einem Land kommen, in dem Krieg herrscht, in dem Gewalt jeden Tag die Hauptrolle in diesem Horrorfilm spielt, der Vater, die Mutter ums Leben gekommen sind, dann ist vieles zu verstehen."

—*Nadja, 17, Schweizerin, Zürcher Oberland*

4. „Ich höre jeden Tag rassistische Sprüche. Die meisten Gewalttaten gehen nur um den Stolz. Das Schlimmste ist, wenn jemand sich Gedanken macht, was die andern über ihn denken. Man will geliebt, gefürchtet und respektiert sein. Viele entscheiden sich für das Gefürchtetsein, ich allerdings würde mich eher für das Beliebtsein entscheiden."

—*Enver, 17, Türke, Zürcher Oberland*

5. „Die Ex-Jugoslawen sind meistens in einer Gruppe zusammen. Einzelgänger unter ihnen passen sich relativ schnell an."

—*Peter, 15, Schweizer, Zürcher Oberland*

6. „Wir haben auch zwei Ausländer in der Klasse, einer ist Italiener, der andere Kambodschaner. Aber sie sind in der Schweiz aufgewachsen und sind für mich wie Schweizer. Sie können auch perfekt Deutsch."

—*Ursi, 17, Schweizer, Zürcher Oberland*

Auszug aus „Typisch Schweizer—typisch Ausländer" von Martha Egli, Beobachter, July 24, 1998.

D. Zum Text. Welche Erklärung oder Erweiterung unten würde am besten zu jedem Zitat aus dem Text passen?

1. _____
2. _____
3. _____
4. _____
5. _____
6. _____

   a. Ausländer sind nicht die einzigen, die provozieren. Es gibt auch Provokationen seitens der Schweizer Schüler. Da müssen sich die ausländischen Schüler entscheiden, wie sie reagieren werden.

   b. Die wichtigsten Kriterien für die Anpassung und Integration sind die Beherrschung der deutschen Sprache sowie die Dauer des Aufenthalts in der Schweiz.

   c. Ausländische Klassenkameraden werden vielleicht eher respektiert als andere ausländische Jugendliche, die man nicht persönlich kennt.

   d. Das Verhalten der Schüler lässt sich auch teilweise durch ihre kulturellen Erfahrungen erklären. Und da existiert ein extremer Kontrast zwischen den Erfahrungen mancher ausländischer Studenten und den Erfahrungen der Schweizer.

   e. Eine Gruppe wirkt bedrohlicher als eine einzelne Person.

   f. Auch die Eltern sollten durch Projektwochen und Gruppenarbeiten informiert werden, um Vorurteile abzubauen, denn Eltern haben einen großen Einfluss auf ihre Kinder.

Schreiben Sie!

E. Ausländerporträt. Beschreiben Sie einen Ausländer in Ihrem Bekannten- oder Freundeskreis.

1. Machen Sie sich zu den folgenden Themen Notizen.

PERSÖNLICHE INFORMATIONEN (HERKUNFTSLAND, AUSSEHEN, ALTER)	SITTEN UND GEBRÄUCHE IM HERKUNFTSLAND	ANPASSUNG
WIE WIRD DIESE PERSON VON ANDEREN AKZEPTIERT?	IHRE BEZIEHUNG ZU DIESER PERSON	WAS HABEN SIE VON DIESER PERSON GELERNT?

2. Organisieren Sie Ihre Notizen. Wie wollen Sie diese Person beschreiben?

WICHTIGE PUNKTE	WEITERE DETAILS
A. _____	1. _____ 2. _____ [3. ?] _____
B. _____	1. _____ 2. _____ [3. ?] _____
C. _____	1. _____ 2. _____ [3. ?] _____
[D. ?] _____	1. _____ 2. _____ [3. ?] _____

3. Schreiben Sie Ihren Aufsatz.

KAPITEL 35

DER UMWELT ZULIEBE

VIDEOTHEK

A. Die Umwelt geht uns alle an. Hören Sie zu und kreuzen Sie an, wer das sagt.

	PROFESSOR	ERIKA	IRIS
1. „Wir sind in Berlin überall um die Seen herumgefahren."	☐	☐	☐
2. „Die Umwelt muss man schützen."	☐	☐	☐
3. „Die Umwelt ist wirklich sehr wichtig für die Deutschen."	☐	☐	☐
4. „Wenn das ökologische Gleichgewicht nicht mehr besteht, dann können wir auch nicht mehr weiterleben."	☐	☐	☐
5. „Am Arbeitsplatz, in der Schule oder zu Hause."	☐	☐	☐
6. „Die meisten Deutschen sind doch so erzogen, dass sie denken, sie gehen raus in die Natur."	☐	☐	☐
7. „Ich versuche, meinen Müll zu trennen."	☐	☐	☐
8. „Das Umweltbewusstsein ist groß."	☐	☐	☐
9. „Ich persönlich versuche, so wenig wie möglich Auto zu fahren."	☐	☐	☐

B. Die Umweltbewegung in Deutschland. Lesen Sie die folgenden Aussagen und setzen Sie die fehlenden Wörter ein.

> Umwelt   recyceln
> Ökowelle
>   bestehen
> verwendet   Natur

1. „Ich denke, dass die _____ in Deutschland sehr modern ist."

2. „Es ist Zeit für uns, auf die _____ zu hören."

3. „Wir müssen uns darauf einstellen, was gut ist für unsere

   _____."

4. „Ich finde es gut, dass wenig chemische Rohstoffe für Mode_____ werden."

5. „Wir können _____ und das Material verwenden."

6. „Ich liebe ein gutes Essen, und das muss nicht aus Körnern und Müsli

   _____."

C. Auf Kosten der Umwelt. Ordnen Sie die Bilder den Aussagen zu.

1. ____ Industrie und die Landwirtschaften vergiften die Flüsse und das Meer.

2. ____ Deutschland ist ein Industrieland. Seine Wirtschaft ist schnell gewachsen.

3. ____ Sie achten mehr auf ihren Müll.

4. ____ Das industrielle Wachstum seit dem Zweiten Weltkrieg führte zu einer starken Verschmutzung der Umwelt.

5. ____ Sie demonstrierten gegen den Lärm der Flugzeuge.

a.

b.

c.

d.

e.

D. Susanne schützt die Umwelt. Kreuzen Sie an, was Susanne alles macht.

1. An der Schule gibt es ____ Umweltaktionen.
   a. viele
   b. zwei
   c. wenig

2. Also, es gab eine Aktion. ____
   a. Wir wollten Tomatensaft haben.
   b. Wir wollten kein Einweggeschirr mehr am Kiosk haben.
   c. Wir wollten Müsli am Kiosk haben.

3. Wir haben eine Demonstration ____ organisiert.
   a. gegen Schokolade an der Schule
   b. gegen die Wasserverschmutzung
   c. gegen die aktuelle Atompolitik und Atomenergie

4. Zur Demonstration kamen ____.
   a. 1500 Jugendliche
   b. 3500 Jugendliche
   c. 250 Jugendliche

5. Es gab großes Aufsehen. ____
   a. Sie waren bei der Polizei.
   b. Sie waren in der Zeitung und im Fernsehen.
   c. Sie liefen durch den Park.

E. Stimmt das oder stimmt das nicht? Hören Sie zu und kreuzen Sie die richtige Antwort an.

	JA	NEIN
1. Die Häuser wurden so gebaut, dass viel Energie verbraucht wird.	☐	☐
2. Mit Solaranlagen erhält man Energie aus dem Mond.	☐	☐
3. Dächer aus Gras schützen vor Hitze und Kälte.	☐	☐
4. Es wurden giftfreie umweltfreundliche Farben verwendet.	☐	☐
5. Das viele Grün gefällt Frau Barmbeck nicht.	☐	☐
6. Frau Barmbeck macht Joghurt selbst.	☐	☐
7. Sie macht das, um Geld zu sparen.	☐	☐
8. Die Waschmaschine braucht viel Wasser.	☐	☐

F. Umweltschutz zu Hause. Welcher Satz passt zu welchem Bild?

a.

b.

c.

d.

e.

f.

1. ____ Nach dem Wäschewaschen muss die Wäsche ja getrocknet werden. Wir haben uns einen Wäschetrockner dafür gebaut.

2. ____ Glas und Papier fahren die Barmbecks dann zu großen Containern.

3. ____ Unter diesem grünen Dach wohnt Familie Barmbeck.

4. ____ Problemstoffe wie zum Beispiel Neonröhren und Batterien bringt die Familie zu einer besonderen Sammelstelle.

5. ____ Die Fußböden sind zum großen Teil aus Holz, was ja auch wieder Wärme hereinbringt in das Haus.

6. ____ Der organische Müll, zum Beispiel Reste vom Essen oder Kartoffelschalen, kommt auf den Komposthaufen.

 G. In Ihrem Klassenzimmer. Fragen Sie Ihre Mitstudenten und Mitstudentinnen, was sie für die Umwelt tun. Schreiben Sie mindestens drei Dinge auf.

_____

_____

_____

_____

_____

VOKABELN

· ·

A. Ein Gespräch. Sie hören ein Gespräch zwischen drei Berliner Nachbarn. Sie reden über das Umweltbewusstsein. Hören Sie zu und beantworten Sie dann die Fragen mündlich. Sie hören das Gespräch zweimal.

1. . . .   2. . . .   3. . . .   4. . . .   5. . . .   6. . . .

B. Die Müll-Aktion. Die zwölfte Klasse des Carl-Bosch-Gymnasiums hat beschlossen, in einer Projektwoche den Müll am Ufer des Baches, der durch ihre Stadt fließt, zu sammeln. Ein Reporter der Stadtzeitung interviewt Dirk Kriebel, den Klassensprecher. Hören Sie zu und beantworten Sie dann mündlich die Fragen, die Sie hören.

1. . . .   2. . . .   3. . . .   4. . . .

C. Was meinen Sie zur Müll-Aktion? Beantworten Sie nun schriftlich folgende Fragen zur Müll-Aktion des Carl-Bosch-Gymnasiums.

1. Was war das Ziel der Müllaustellung vor der Schule?

   _____

   _____

   _____

2. Glauben Sie, dass diese Aktion sinnvoll war?

   _____

   _____

   _____

D. Die Deutschen sind sehr umweltbewusst. Ergänzen Sie die Sätze.

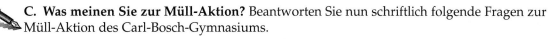

Einwegflaschen
Pfandflaschen
Waldsterben
Gleichgewicht
Einweggeschirr
Verkehrsmittel
Verpackungsmaterial

1. Die _____ werden

   wieder ins Geschäft zurückgebracht.

2. Die _____ werden zum

   Altglascontainer gebracht.

3. Viele Menschen benutzen die öffentlichen

   _____.

4. Viele Deutsche bringen ihre Taschen mit zum Einkaufen um _____ zu

   sparen.

5. _____ ist bei Partys nicht sehr beliebt.

6. Das _____ hat die Debatte über den Umweltschutz beeinflusst.

7. Wir haben unsere Umwelt aus dem _____ gebracht.

E. Der Müll wird getrennt. Was kommt wohin? Betrachten Sie die Bilder und kreuzen Sie die richtige Antwort an.

1.
Was kommt auf den Komposthaufen?

a. ____ organische Abfälle

b. ____ Einweggeschirr

c. ____ Batterien

2.
Was kommt in die gelbe Tonne?

a. ____ Einwegflaschen und Einweggeschirr

b. ____ organischer Müll

c. ____ Verpackungsmaterial aus Plastik

3.
Welcher Müll muss zu großen Containern gebracht werden?

a. ____ Glas und Papier

b. ____ Pfandflaschen

c. ____ Rohstoffe

 F. Umweltbewusstsein. Bringen Sie die Satzelemente in die richtige Reihenfolge.

1. das Umweltbewusstsein / beeinflusst / hat / das Waldsterben

_____

2. müssen / die Verbraucher/ mehr / Rücksicht / auf die Umwelt / nehmen

_____

3. sollen / wieder verwertet / werden / Pfandflaschen

_____

4. Verkehrsmittel / öffentliche / helfen / Energie / sparen / zu

_____

5. die Umwelt / organische Abfälle / nicht / schädigen

_____

STRUKTUREN

· ·

The Passive Voice

A. Umweltschutz in Deutschland. Sie hören acht Sätze zum Umweltschutz in Deutschland. Hören Sie zu und ergänzen Sie die Tabelle mit den Präsens-oder Imperfektformen von **werden** und dem Partizip.

	Präsens	Imperfekt	Partizip
1.		*wurden*	*geworfen*
2.			
3.			
4.			
5.			
6.			
7.			
8.			

B. Stimmt das oder stimmt das nicht? Sie hören, was drei Familien für den Umweltschutz tun. Kreuzen Sie die richtige Antwort an und verbessern Sie die falschen Aussagen.

		JA	NEIN

FAMILIE GÜNTER

1. Bei Günters wird Verpackungsmaterial ~~weggeworfen.~~
   vermieden   ☐ JA ☐ NEIN

   _____

2. Mit Energiesparlampen wird Strom gespart.   ☐ JA ☐ NEIN

   _____

3. Von den Günters wurde keine Waschmaschine gekauft.   ☐ JA ☐ NEIN

   _____

FAMILIE KROSCIZS

4. Bei Kroscizs wird nur mit dem Auto gefahren.   ☐ JA ☐ NEIN

   _____

5. Von der Familie werden nur Einwegflaschen verwendet.   ☐ JA ☐ NEIN

   _____

CHARLOTTE UND THOMAS

6. Einwegflaschen werden zum Recyclingcontainer gebracht.   ☐ JA ☐ NEIN

   _____

7. Vom Vermieter wurde im Garten eine Sammelstelle angelegt.   ☐ JA ☐ NEIN

   _____

C. Urlaubsziele. Sehen Sie sich die Statistik an und beantworten Sie die Fragen, die Sie hören.

Sie hören: Von wie viel Prozent der Reisenden wurde die Ostsee besucht?
Sie finden die Statistik: Ostsee: acht
Sie sagen: Von acht Prozent der Reisenden wurde die Ostsee besucht.
Sie hören: Von acht Prozent der Reisenden wurde die Ostsee besucht.

Reiseziele
Von jeweils 100 Reisenden besuchten voriges Jahr:

INLAND

Ostsee	8
Nordsee	7
Oberbayern	7
Schwarzwald	4

AUSLAND

Spanien	15
Italien	8
Österreich	6
Griechenland	5

1. . . .

2. . . .

3. . . .

4. . . .

5. . . .

6. . . .

7. . . .

D. Was ist gestern im Fernsehen gezeigt worden? Hören Sie zu und beantworten Sie die Fragen mit den Informationen aus dem Fernsehprogramm.

Sie hören: Was ist um 20 Uhr gezeigt worden?
Sie lesen: 20.00 Uhr: Die Abendschau
Sie sagen: Um 20 Uhr ist die Abendschau gezeigt worden.
Sie hören: Um 20 Uhr ist die Abendschau gezeigt worden.

Ihr Programm am Abend	
20.00 Uhr	**Die Abendschau**
20.15 Uhr	**Der Umweltreport** *Themen: Umweltschutz in den USA* *Energiesparende Autos*
21.00 Uhr	**Marienhof** *Serie. Heute: Guter Rat ist billig.*
21.30 Uhr	**Ausländer in Deutschland** *Reportage*
22.05 Uhr	**Die Sportschau** *Fußball: 1. und 2. Bundesliga*
23.00 Uhr	**Das Nachtmagazin**

1. . . .   2. . . .   3. . . .   4. . . .   5. . . .

 E. Frühjahrsputz. Was wurde gestern bei Familie Wiedemann gemacht? Schreiben Sie Sätze im Passiv Imperfekt.

MODELL: zuerst / der große Wohnzimmerteppich / waschen →
Zuerst wurde der große Wohnzimmerteppich gewaschen.

1. danach / er / auf dem Balkon / aufhängen

_____

2. dann / auch die Stühle / auf den Balkon / stellen

_____

3. der Boden / mit einem umweltfreundlichen Mittel / putzen

_____

4. die Vorhänge / abnehmen und reinigen

_____

5. das Altpapier und das Altglas / zum Recycling / bringen

_____

6. zuletzt / alles / wieder / aufräumen

_____

F. Aus der Zeitung. Ergänzen Sie die Lücken mit den Passivformen der Verben in Klammern. Benutzen Sie dabei das Perfekt.

Großer Bankraub in Münchhausen

1. Vergangenen Montag _____*ist*_____ in die Zentralbank von Münchhausen

_____*eingebrochen*_____ _____*worden*_____ (einbrechen). Dabei _____ von

unbekannten Räubern mehr als 100.000 DM _____ _____

(stehlen). Von den Tätern fehlt bislang jede Spur. Von der Polizei _____ noch kein Kommentar

_____ _____ (geben).

Vermisster Hund auf Baum gefunden

2. Gestern Abend _____ von einem Spaziergänger im Stadtpark ein lautes Bellen

_____ _____ (hören). Auf dem Baum über ihm sah er einen

Schäferhund sitzen. Sofort _____ die Polizei _____ _____

(rufen), die den Hund mit einer Leiter vom Baum holte. Kurz darauf _____ auch die Besitzerin

des Hundes _____ _____ (finden). Der Schäferhund

_____ im Polizeiwagen nach Hause _____ _____

(bringen).

Feueralarm in der Universität

3. Am Samstag gegen fünfzehn Uhr _____ die Feuerwehr an die Universität

_____ _____ (holen). Aus einem Bürofenster _____

dichter Rauch _____ _____ (sehen). Der Brand _____

sofort _____ _____ (löschen). Weil die Heizung nicht

_____ _____ _____ (anmachen), hatte ein Professor auf

seinem Schreibtisch ein Feuer gemacht, um sich zu wärmen. Der Sachschaden von 30.000 DM

_____ von dem Professor _____ _____ (bezahlen).

G. Der Umweltberater. Sie schreiben nützliche Umwelttipps für Ihre Nachbarn. Schreiben Sie die Sätze neu und benutzen Sie dabei die Modalverben in Klammern.

MODELL: Seen und Flüsse schützen (sollen) →
Seen und Flüsse sollen geschützt werden.

1. Müll auf die Straße werfen (nicht dürfen)

_____

_____

2. Glas und Flaschen recyceln (müssen)

_____

_____

3. Plastikverpackungen vermeiden (sollen)

_____

_____

4. Autoabgase reduzieren (müssen)

_____

_____

5. Umweltfreundlichere Autos bauen (können)

_____

_____

The Future Tense

 H. Vorbereitungen für die Party.

SCHRITT 1: Was muss noch für die Party gemacht werden? Hören Sie zu und beantworten Sie die Fragen.

Sie hören: Was muss noch für die Party gemacht werden?
Sie lesen: der Kartoffelsalat: vorbereiten
Sie sagen: Der Kartoffelsalat muss noch vorbereitet werden.
Sie hören: Der Kartoffelsalat muss noch vorbereitet werden.

1. die Brötchen: vom Bäcker holen
2. das Besteck: auf den Tisch legen
3. das Obst: für den Obstsalat schneiden
4. das Mineralwasser und der Saft: holen
5. die Steaks und die Würstchen: einkaufen

SCHRITT 2: Und was konnte gestern schon für die Party gemacht werden? Hören Sie zu und beantworten Sie die Fragen mit Modalverben im Imperfekt.

Sie hören: Was konnte gestern schon gebacken werden?
Sie lesen: drei Kuchen: backen
Sie sagen: Es konnten drei Kuchen gebacken werden.
Sie hören: Es konnten drei Kuchen gebacken werden.

1. Gemüse: kochen
2. Freunde: anrufen
3. Verwandte: einladen
4. ein großer Tisch: von den Eltern bringen
5. die Wohnung: aufräumen
6. die Gläser: spülen

I. Was soll morgen in der Schule gemacht werden? Hören Sie zu und beantworten Sie die Fragen.

Sie hören: Was wird morgen in Mathe gemacht?
 Sie lesen: In Mathe: ein neues Kapitel / anfangen
Sie sagen: In Mathe soll ein neues Kapitel angefangen werden.
Sie hören: In Mathe soll ein neues Kapitel angefangen werden.

1. In Deutsch: ein Aufsatz / schreiben
2. In Geschichte: ein Film über die Weimarer Republik / sehen
3. In Sport: Fußball / spielen
4. In Musik: ein Klavierkonzert von Mozart / hören
5. In Latein: eine Geschichte von Ovid / lesen
6. In Physik: ein Experiment / machen

J. Umweltschutz in Bad Aibling

SCHRITT 1: Was konnte in Bad Aibling gemacht werden, um das Stadtbild zu verbessern? Schreiben Sie die Sätze mit Modalverben neu.

MODELL: Eine Fußgängerzone wurde geplant. (sollen) →
Eine Fußgängerzone sollte geplant werden.

1. Historische Häuser wurden renoviert. (sollen)

_____

2. Die Bürger wurden durch die Zeitung informiert. (können)

_____

_____

3. Mit Bussen und Lastwagen wurde nicht mehr durch die Stadt gefahren. (dürfen)

_____

_____

4. Gärten und Parks wurden angelegt. (müssen)

_____

SCHRITT 2: Was soll in Bad Aibling noch gemacht werden, um das Stadtbild zu verbessern? Schreiben Sie Sätze mit dem Passiv Futur.

MODELL: mehr öffentliche Verkehrsmittel (anbieten können) →
Mehr öffentliche Verkehrsmittel können angeboten werden.

1. ein Umweltzentrum (bauen sollen)

_____

2. mehr Recyclingcontainer (kaufen müssen)

_____

3. öffentliche Komposthaufen (planen können)

_____

K. Konzertreise nach Wien. Ergänzen Sie die Anzeige mit Passivformen der passenden Verben aus dem Wortkasten.

fahren   anbieten   spielen   servieren   kochen   machen   übernachten   bringen

Zu Strauß nach Wien

Busfahrt, zwei Übernachtungen mit Frühstück, Konzertkarten und Stradtrunfahrt zum günstigen Wochenendpreis

Am Freitagnachmittag ____*werden*____[1] Sie mit unserem luxuriösen, vollklimatisierten Reisebus in die Heimatstadt der Familie Strauß ____*gebracht*____[2] In Wien _____[3] Ihnen verschiedene Übernachtungsmöglichkeiten _____[4]: Es _____[5] in einer gemütlichen Pension oder in einem komfortablen Hotel _____[6] Zur Begrüßung _____[7] Ihnen ein Cocktail _____,[8] dann _____[9] in einem Spezialitätenrestaurant ein Wiener Menü für Sie _____[10] Am Samstagvormittag _____[11] eine Stadtrundfahrt _____,[12] der Nachmittag steht Ihnen zur freien Verfügung. Abends geht's dann zum Galakonzert mit Walzer- und Polkamelodien der Familie Strauß. Die herrlichen Melodien _____[13] von den weltbekannten Wiener Philharmonikern _____.[14] Am Sonntag _____[15] Sie nach dem Frühstück im Bus wieder nach Hause _____.[16]

PERSPEKTIVEN

Hören Sie zu!

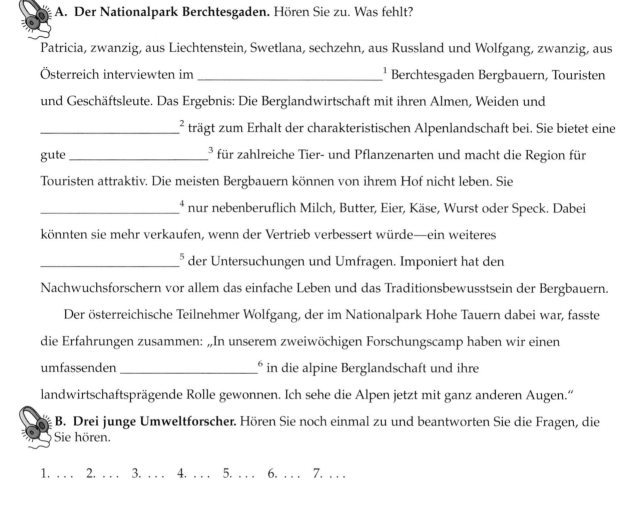

A. Der Nationalpark Berchtesgaden. Hören Sie zu. Was fehlt?

Patricia, zwanzig, aus Liechtenstein, Swetlana, sechzehn, aus Russland und Wolfgang, zwanzig, aus Österreich interviewten im _____[1] Berchtesgaden Bergbauern, Touristen und Geschäftsleute. Das Ergebnis: Die Berglandwirtschaft mit ihren Almen, Weiden und _____[2] trägt zum Erhalt der charakteristischen Alpenlandschaft bei. Sie bietet eine gute _____[3] für zahlreiche Tier- und Pflanzenarten und macht die Region für Touristen attraktiv. Die meisten Bergbauern können von ihrem Hof nicht leben. Sie _____[4] nur nebenberuflich Milch, Butter, Eier, Käse, Wurst oder Speck. Dabei könnten sie mehr verkaufen, wenn der Vertrieb verbessert würde—ein weiteres _____[5] der Untersuchungen und Umfragen. Imponiert hat den Nachwuchsforschern vor allem das einfache Leben und das Traditionsbewusstsein der Bergbauern.

Der österreichische Teilnehmer Wolfgang, der im Nationalpark Hohe Tauern dabei war, fasste die Erfahrungen zusammen: „In unserem zweiwöchigen Forschungscamp haben wir einen umfassenden _____[6] in die alpine Berglandschaft und ihre landwirtschaftsprägende Rolle gewonnen. Ich sehe die Alpen jetzt mit ganz anderen Augen."

B. Drei junge Umweltforscher. Hören Sie noch einmal zu und beantworten Sie die Fragen, die Sie hören.

1. . . .   2. . . .   3. . . .   4. . . .   5. . . .   6. . . .   7. . . .

Lesen Sie!

C. Vor dem Lesen. Die nachfolgende Geschichte trägt den Titel „Die Zeitmaschine." Sicher haben Sie sich schon einmal Gedanken gemacht, wie es wäre, mit einer Zeitmaschine in ein anderes Jahrhundert zu reisen.

1. Wie stellen Sie sich eine Zeitmaschine vor? Wie groß ist sie? Wie sieht sie aus? Aus welchem Material ist sie gemacht?

   _____

   _____

   _____

   _____

2. In welches Jahrhundert oder Jahrtausend würden Sie gern reisen? Warum?

   _____

   _____

   _____

   _____

3. In welchem Land oder auf welchem Kontinent würden Sie gern landen? Warum?

   _____

   _____

   _____

Lesen Sie nun eine Kurzgeschichte von Paul Maar. Sie stammt aus dem Buch *Summelsarium oder 13 wahre Lügengeschichten.*

KULTURSPIEGEL

Paul Maar wurde 1937 in Schweinfurt geboren. Er studierte Kunst, arbeitete als Maler, Bühnenbildner und Kunsterziehungslehrer. Er ist einer der beliebtesten und erfolgreichsten deutschen Kinder- und Jugendbuchautoren. Ein besonders beliebtes seiner Bücherserien ist neben vielen anderen *Am Samstag kam das Sams zurück* (1980).

Wortschatz zum Lesen

der Hebel	*lever*
das Turnier	*jousting tournament*
wagen	*to risk, hazard*
sich zusammenkauern	*to huddle up*
schwindlig	*dizzy*
aus Versehen	*by mistake*
spähen	*to peer (out)*
der Weltraum	*outer space*
die Luke	*hatch*
versagen	*to fail, break down*

Die Zeitmaschine

Ein Junge namens Bruno sah einmal im Fernsehen einen Film, in dem ein Wissenschaftler eine Zeitmaschine erfand. Das war eine große Metallkugel, in die man sich setzen und in der man in der Zeit herumfahren konnte. Stellte man einen Hebel im Innern der Maschine auf das Jahr 1200, so fuhr die Maschine in der Zeit zurück. Wenn man dann ausstieg, konnte man die Ritter in ihren Rüstungen herummarschieren sehen, und mit einigem Glück erlebte man sogar ein Turnier.

Stellte man den Hebel auf das Jahr 2000 ein, landete man in der Zukunft. Das war schon wesentlich gefährlicher. Denn man weiß ja nicht, wie die Zukunft aussieht. Wenn man Pech hat, gerät man in einen Atomkrieg oder in eine neue Eiszeit.

Bruno fand den Film sehr spannend. Danach hatte er noch ein wenig Zeit, denn das Abendessen war noch nicht fertig. Er ging vor das Haus, um zu spielen.

Gerade hielt ein Lastauto vor ihrer Tür, zwei Männer stiegen aus, luden eine Mülltonne ab und stellten sie vor die Garage. Dann fuhren sie weiter zum Nachbarhaus.

Bruno hatte schon gehört, daß sie jetzt alle neue Mülltonnen bekommen sollten. Schwarze Tonnen aus Kunststoff, die viel leichter waren als die alten, die sie bis jetzt benutzt hatten. Er öffnete den Deckel und schaute hinein. Die Tonne war sauber, sie war ja noch nie gebraucht worden. Als Zeitmaschine war sie also bestens, geeignet, denn die Kugel im Film war auch innen sauber gewesen.

Bruno öffnete den Deckel ganz, stieg in die Tonne und machte den Deckel zu. Es war ein wenig eng, aber gemütlich.

Er beschloß, eine kleine Zeitreise zu wagen. Eine Reise in die Zukunft war zwar gefährlicher, aber sie war auch spannender. Wie die Vergangenheit ausgesehen hatte, wußte man ja. Wenigstens so ungefähr. Er entschied sich für das Jahr 3500. Nachdem er auf einen Knopf auf der Innenseite des Deckels gedrückt hatte, befahl er: „Alle Maschinen volle Kraft voraus! Haupttriebwerke einschalten! Alarmstufe rot! Zielpunkt: 3500. Höchstgeschwindigkeit! Los!"

Er kauerte sich in der Tonne zusammen, machte sich ganz klein und stellte sich vor, wie draußen die Jahre und Jahrzehnte vorbeirasten. Mit einem Mal hatte er das feste Gefühl, daß sich seine Zeitmaschine wirklich bewegte. Sie schwankte, drehte sich, und er stieß mit seiner Schulter abwechselnd an die rechte und die linke Innenwand, so daß ihm ganz schwindlig wurde. Ehe er richtig begreifen konnte, was mit ihm geschah, hörte die Bewegung auf. Ein donnerndes Geräusch ertönte. Dann war es totenstill.

Ob er aus Versehen in eine echte Zeitmaschine geraten war? Eigentlich konnte das nicht möglich sein. Aber die Bewegung und dann das seltsame Geräusch?

Vorsichtig hob er den Deckel hoch und spähte hinaus. Was er sah, war so fürchterlich, daß er den Deckel gleich wieder fallen ließ. Rings um die Zeitmaschine herrschte das schwärzeste Dunkel, das er je erlebt hatte. Er war offensichtlich mitten im Weltraum. Und zu der Dunkelheit kam noch eine grauenvolle Stille. Kein Wort, kein Geräusch. Die Erde war zerstört. Die Zeitmaschine hatte ihn an den Platz gebracht, wo es im Jahr 3500 nur noch das gab, was von der Erde übriggeblieben war: ein bodenloses, schwarzes Nichts!

Ganz schnell schloß er wieder die Luke, drückte auf den Antriebsknopf und befahl: „Alle Maschinen volle Kraft voraus! Zurück in das Jahr 1973! Höchstgeschwindigkeit! Los!"

Wieder machte er sich ganz klein in der Maschine und stellte sich vor, wie er in der Zeit zurückraste. Aber diesmal bewegte sich die Zeitmaschine nicht, und auch das scheppernde Geräusch blieb aus.

Er wartete eine ganze Weile, bis er die Luke öffnete und hinausspähte. Die Zeitmaschine hatte versagt! Er war gefangen im Dunkel des Weltraums.

Verzweifelt brach er in Tränen aus und rief nach seiner Mutter, obwohl ihm klar war, daß sie ihn im Weltraum unmöglich hören konnte.

Da gab es wieder dieses donnernde Geräusch, plötzlich wurde es hell, er sah die sich öffnende Garagentür und seine Mutter, die hereinkam.

„Hier bist du!" sagte sie erstaunt. „Ich habe dich gesucht. Wie bist du in die Garage gekommem?"

„Ich war in der Zeitmaschine", sagte er.

„Wo warst du?" fragte seine Mutter.

„In der Tonne hier", erklärte er.

„Dann muß ich dich wohl in der Tonne in die Garage gerollt haben, ohne es zu merken. Ich habe mich schon gewundert, weil die Tonne auch nicht leichter war als die alte", sagte sie. „Warst du die ganze Zeit in der dunklen Garage? Das tut mir aber leid!"

„Macht nichts", sagte Bruno. „Lieber einen ganzen Tag in einer dunklen Garage als zehn Minuten allein im Weltraum!"

Paul Maar, aus Summelsarium oder 13 wahre Lügengeschichten *(Hamburg: Oetinger, 1973).*

D. Fragen zum Text. Beantworten Sie die folgenden Fragen mit Informationen aus dem Text.

1. Was erfährt Bruno in dem wissenschaftlichen Fernsehfilm? Warum fand er ihn sehr spannend?

   _____

2. Was macht Bruno nach dem Film und was beobachtet er dort? _____

   _____

3. Warum steigt Bruno in die Tonne? _____

   _____

4. Was passiert, nachdem Bruno in die Tonne gestiegen ist? _____

   _____

5. Warum denkt Bruno, dass er in einer echten Zeitmaschine sitzt? _____

   _____

6. Was sieht und hört Bruno, als er den Deckel hebt? Wie erklärt er sich das Aussehen der Erde im

   Jahr 3500? _____

   _____

7. Wie versucht Bruno, das Jahr 3500 wieder zu verlassen? _____

   _____

8. Wie erklärt Brunos Mutter schließlich die Zeitreise? _____

   _____

9. Denken Sie, dass die Geschichte realistisch ist? Was halten Sie für realistisch und was für

   unrealistisch? Erklären Sie Ihre Meinung. _____

   _____

10. Finden Sie zwei Textstellen, die Ihnen zeigen, wann diese Geschichte geschrieben wurde. _____

    _____

Schreiben Sie!

E. Schreiben Sie die Geschichte aus der Perspektive von Brunos Mutter. Beschreiben Sie die gleiche Zeitspanne, die in Paul Maars Geschichte beschrieben wird. Mit wem spricht die Mutter? Was macht sie? Was denkt sie?

_____

_____

_____

_____

_____

_____

_____

_____

_____

_____

_____

F. Sie sitzen in einer Zeitmaschine. Sie hören die folgenden Worte: „Alle Maschinen volle Kraft voraus! Haupttriebwerke einschalten! Alarmstufe rot! Zielpunkt: 3500. Höchstgeschwindigkeit! Los!" Dann ist es still und Sie sind im Jahr 3500 angekommen. Beschreiben Sie, wie Sie sich die Erde und Menschen vorstellen. Wie leben sie? Wie sehen die Städte aus? Gibt es etwas, das sich nicht verändert hat?

_____

_____

_____

_____

In einer Zeitmaschine.

_____

_____

_____

_____

_____

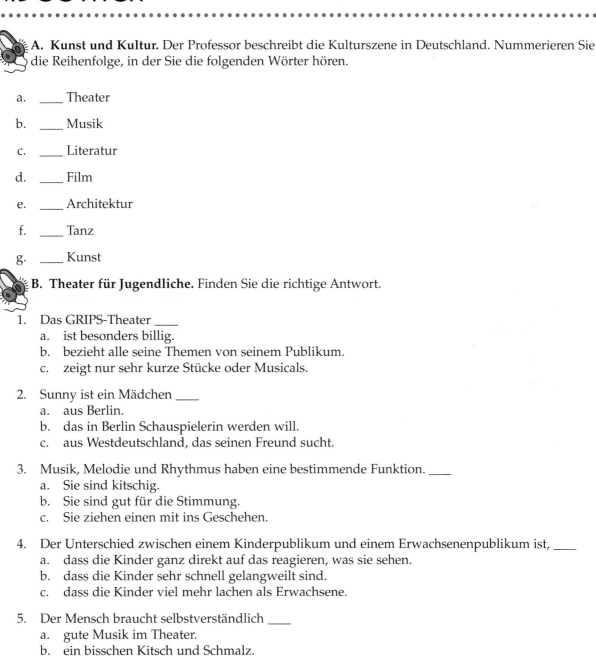

KAPITEL 36

Name _____

Datum _____

Klasse _____

FOKUS AUF KULTUR

VIDEOTHEK

A. Kunst und Kultur. Der Professor beschreibt die Kulturszene in Deutschland. Nummerieren Sie die Reihenfolge, in der Sie die folgenden Wörter hören.

a. ____ Theater

b. ____ Musik

c. ____ Literatur

d. ____ Film

e. ____ Architektur

f. ____ Tanz

g. ____ Kunst

B. Theater für Jugendliche. Finden Sie die richtige Antwort.

1. Das GRIPS-Theater ____
   a. ist besonders billig.
   b. bezieht alle seine Themen von seinem Publikum.
   c. zeigt nur sehr kurze Stücke oder Musicals.

2. Sunny ist ein Mädchen ____
   a. aus Berlin.
   b. das in Berlin Schauspielerin werden will.
   c. aus Westdeutschland, das seinen Freund sucht.

3. Musik, Melodie und Rhythmus haben eine bestimmende Funktion. ____
   a. Sie sind kitschig.
   b. Sie sind gut für die Stimmung.
   c. Sie ziehen einen mit ins Geschehen.

4. Der Unterschied zwischen einem Kinderpublikum und einem Erwachsenenpublikum ist, ____
   a. dass die Kinder ganz direkt auf das reagieren, was sie sehen.
   b. dass die Kinder sehr schnell gelangweilt sind.
   c. dass die Kinder viel mehr lachen als Erwachsene.

5. Der Mensch braucht selbstverständlich ____
   a. gute Musik im Theater.
   b. ein bisschen Kitsch und Schmalz.
   c. eine oberflächliche Handlung.

C. Linie Eins. Die Künstler des GRIPS-Theaters beschreiben ihr Musical. Setzen Sie die richtige Form der Wörter im Kasten ein.

> erleben   das Denken
> der Bereich   der Einblick
> das Theater
> fördern   intellektuell

1. Der Zweck _____, der Musik

   oder der Kultur im Allgemeinen ist, jemanden

   _____ zu stimulieren.

2. Das heißt, eine Person intellektuell zu

   _____, anzuregen, zum

   _____ zu animieren.

3. In dieser Folge bekommen wir einen _____ in zwei dieser

   _____: die Theaterszene und die Filmindustrie.

4. „Linie Eins" ist ein Musical, in dem ein Mädchen die Großstadt Berlin

   _____.

D. Hundert Jahre deutscher Film. Ordnen Sie die Bilder den Aussagen zu.

a.

DAS CABINET DES DR. CALIGARI!

b.

c.

d.

e.

1. ____ Die Stummfilme der zwanziger Jahre sind ein erster künstlerischer Höhepunkt in der Geschichte des deutschen Films.

2. ____ Vor hundert Jahren präsentierte der Berliner Max Skladanowsky einen der ersten Filmprojektoren.

3. ____ Viele bekannte Regisseure flohen vor den Nazis ins Ausland.

4. ____ In diesen Filmen sind die Schrecken des Ersten Weltkriegs noch spürbar.

5. ____ Zu Beginn der dreißiger Jahre bietet der Tonfilm neue künstlerische Möglichkeiten.

E. Deutsche Filmgeschichte. Hören Sie zu und beantworten Sie dann schriftlich, in ganzen Sätzen, die Fragen unten.

1. Warum fliehen deutsche Schauspieler und Regisseure in den dreißiger Jahren?

_____

_____

2. Wann wird der erste deutsche Nachkriegsfilm gedreht?

_____

_____

3. Wo wird er gedreht?

_____

_____

4. Wann werden deutsche Filme wieder international bekannt?

_____

_____

5. Welcher bekannte Regisseur dreht in dieser Zeit?

_____

_____

6. Welcher Film erhält einen Oscar?

_____

_____

F. Stefan und Daniela. Kreuzen Sie an, wer das sagt.

	STEFAN	DANIELA
1. „Wenn ich ins Kino gehen will, dann möchte ich zwei Stunden Unterhaltung, nicht Weinen."	☐	☐
2. „Mit einem traurigen Ende, wo ich richtig dann melancholisch bin."	☐	☐
3. „Ja, Aktionfilme sind nur für Unterhaltung."	☐	☐
4. „Wenn ich Unterhaltung will, dann setze ich mich mit meinen Freunden zusammen."	☐	☐
5. „Kino ist eben Unterhaltung."	☐	☐
6. „Ich bin dann melancholisch und in einer betrübten Stimmung."	☐	☐
7. „Sie sind realitätsnaher als Aktionfilme."	☐	☐
8. „Das Leben ist traurig genug."	☐	☐

G. Deutsche Künstler. Im Video werden mehrere deutsche Künstler erwähnt. Als was sind sie berühmt: als Komponisten oder als Autoren? Schreiben Sie auf, welchen Beruf die folgenden Menschen hatten. Schreiben Sie auch, von wem jeder Künstler erwähnt wird.

	BERUF	VON WEM ERWÄHNT
1. Heinrich Mann	_____	_____
2. Christa Wolf	_____	_____
3. Robert Schumann	_____	_____
4. Felix Mendelssohn Bartholdy	_____	_____
5. Günter Grass	_____	_____
6. Peter Handke	_____	_____
7. Wolfgang Amadeus Mozart	_____	_____
8. Richard Strauss	_____	_____

H. Persönliche Meinungen. Schreiben Sie einen kurzen Bericht über sich selbst. Beantworten Sie folgende Fragen.

1. Was ist für Sie Kultur?

2. Wie oft gehen Sie ins Theater, Konzert, Kino oder in eine Ausstellung?

3. Welche Theateraufführungen, Konzerte, Filme oder Ausstellungen haben Ihnen am besten gefallen? Warum?

_____

_____

_____

_____

_____

_____

_____

_____

_____

_____

_____

_____

VOKABELN

• •

A. Ludwigshafen am Rhein. Renate, Peter und Onur kommen aus Ludwigshafen am Rhein und unterhalten sich über das Kulturangebot in ihrer Stadt. Hören Sie zu und beantworten Sie dann die Fragen mündlich. Sie hören den Text zweimal.

1. . . .   2. . . .   3. . . .   4. . . .   5. . . .   6. . . .   7. . . .

B. Elke und Bernd unterhalten sich über das Theaterprogramm in Aachen. Hören Sie das Gespräch und suchen Sie die beste Antwort auf jede Frage.

1. ____ Warum will Elke wissen, was im Stadttheater aufgeführt wird?
   a. Sie ist ein Theaterfan.
   b. Ihre Tante kommt zu Besuch und sie ist ein Theaterfan.
   c. Sie möchte mit Bernd ins Theater gehen.

2. ____ Welches Stück hat Bernd gesehen?
   a. „Hamlet" von Shakespeare.
   b. „Kabale und Liebe" von Schiller.
   c. „Don Giovanni" von Mozart.

3. ____ Was sagt Bernd über das Stück, das er gesehen hat?
   a. Es war ein spannendes Schauspiel, besser als viele Aktionfilme.
   b. Er sieht lieber Aktionfilme.
   c. Das Stück war langweilig.

4. ____ Welches Stück wird Elke sehen?
   a. Ihre Tante mag keine Opern.
   b. Sie will zuerst ihre Tante fragen, was sie sehen möchte.
   c. Elke wird mit ihrer Tante in einen Aktionfilm gehen.

C. Was passt? Ergänzen Sie die Sätze mit den Vokabeln aus dem Wortkasten.

> der Autor   der Regisseur
> der Untertitel   verfilmen
> synchronisieren   das Theater
> die Komödien
>   die Romanverfilmung

1. _____ des Romans „Die Blechtrommel" heißt Günter Grass.

2. „Die Blechtrommel" wurde auch _____ und hat einen Oscar gewonnen.

3. _____ des Films war Volker Schlöndorff.

4. In den USA wurde der Film mit englischen _____ gezeigt.

5. Für das deutsche Kino werden viele Filme _____.

6. _____ sind nicht immer erfolgreich.

7. Shakespeares _____ sind oft verfilmt worden.

8. Bertolt Brecht hat viele Stücke für _____ geschrieben.

D. Filme und Romane. Bringen Sie die folgenden Satzelemente in die richtige Reihenfolge.

1. dieses Films / hatte / keinen Humor / der Regisseur

   _____

2. Max Frisch / Romane / Stücke / hat / der Autor / und / für das Theater / geschrieben

   _____

3. deutscher Stummfilme / kennen / Sie / die Regisseure?

   _____

4. Sergej Prokofieff / für Kinder / komponiert / und / Erwachsene / seine Stücke / hat

   _____

5. jedes Buch / wird / verfilmt / heute / sofort

   _____

6. auf dem Höhepunkt / fällt / der Komödie / der Schauspieler / von der Bühne

   _____

7. das Publikum / des Schauspiels / in einer guten Stimmung / war / am Ende

   _____

E. Meine Interessen. Beantworten Sie die Fragen in ganzen Sätzen.

1. Sehen Sie gern Romanverfilmungen? Gibt es eine Verfilmung, die Ihnen sehr gut oder gar nicht gut gefallen hat?

   _____

   _____

   _____

2. Interessieren Sie sich für Musik? Welche Komponisten und Musikgruppen hören Sie gern?

   _____

   _____

   _____

3. Wann waren Sie das letzte Mal im Theater? Was haben Sie gesehen? Wie war das Stück?

   _____

   _____

   _____

4. Welche Autoren lesen Sie gern und warum?

   _____

   _____

   _____

5. Kennen Sie deutsche Kinofilme? Welche? Gefallen sie Ihnen?

   _____

   _____

   _____

STRUKTUREN

The Past Perfect Tense

A. Vor dem Umzug. Was hatten die Gillhubers gemacht, bevor sie umgezogen sind? Hören Sie zu und nummerieren Sie die Sätze in der richtigen Reihenfolge.

a. _____ Herr Gillhuber hatte die Bücher in Kisten gepackt.

b. _____ Hans-Jürgen war in die Stadt gefahren.

c. _____ Svenja hatte das Altpapier zum Container gebracht.

d. _____ Frau Gillhuber hatte die Kisten mit Farben markiert.

e. _____ Die Möbel wurden vor die Haustür gestellt.

f. _____ Hans-Jürgen hatte das Bad geputzt.

g. _____ Tante Hilda war mit einem Kuchen vorbeigekommen.

h. _____ Svenja hatte sich von ihrer besten Freundin verabschiedet.

B. Gabi fährt zur Uni. Hören Sie zu und ergänzen Sie die Lücken. Sie hören den Text zweimal.

Als ich gestern aus dem Haus ging, bemerkte ich, dass ich den Schlüssel _____

_____.[1] Ich klingelte bei meiner Nachbarin, der ich vor zwei Monaten einen

Reserveschlüssel _____ _____.[2]

    Sie öffnete nach einigen Minuten die Tür und war ein bisschen sauer, weil sie gerade erst

_____ _____.[3] Nachdem sie mir den Schlüssel

_____ _____,[4] ging ich in meine Wohnung, um meinen eigenen

Schlüssel zu holen.

    Als ich wieder an der Bushaltestelle war, _____ der Bus leider schon

_____.[5] Ich _____ mir schon _____,[6] dass ich

zu spät kommen würde.

    Aber als ich dann schließlich an der Uni war, _____ mein Seminar noch gar nicht

_____.[7] Der Professor _____ auf dem Weg zur Uni einen Unfall

_____[8] und kam erst zehn Minuten nach mir ins Seminar.

C. Was hatten diese Leute gemacht, bevor sie sich gestern Abend getroffen haben? Hören Sie zu und beantworten Sie die Fragen mit Hilfe der Informationen unten.

Sie hören: Was hatte Björn gemacht?
Sie sehen: Björn—im Park Fußball spielen
Sie sagen: Björn hatte im Park Fußball gespielt.
Sie hören: Björn hatte im Park Fußball gespielt.

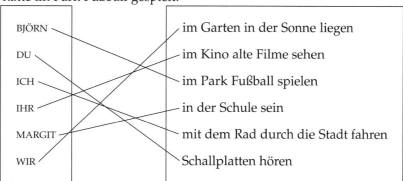

 D. Im Theater. Verbinden Sie die Sätze mit **bevor** oder **nachdem;** benutzen Sie die Konjunktionen abwechselnd.

MODELL: Die Zuschauer hatten Karten gekauft. Sie gingen ins Theater. →
Nachdem die Zuschauer Karten gekauft hatten, gingen sie ins Theater.

oder: Bevor sie ins Theater gingen, hatten die Zuschauer Karten gekauft.

1. Die Vorstellung begann. Die Schauspieler hatten sich umgezogen.

   _____

   _____

2. Die Zuschauer hatten sich auf ihre Plätze gesetzt. Der Vorhang wurde geöffnet.

   _____

   _____

3. Man hatte den ersten Akt gespielt. Es gab eine Pause.

   _____

   _____

4. Der zweite Akt begann. Die Zuschauer hatten im Foyer Getränke kaufen können.

   _____

   _____

5. Der Vorhang war gefallen. Die Schauspieler verbeugten sich.

   _____

   _____

6. Die Zuschauer hatten lange applaudiert. Sie gingen nach Hause.

   _____

   _____

E. Aus der germanischen Geschichte. Ergänzen Sie die Lücken mit den Plusquamperfektformen der Verben in Klammern. Achten Sie dabei auch auf die Wortstellung.

1. Nachdem Cäsar bei der Eroberung Galliens in den Jahren 58–51 vor Christus mit den Germanen

   in Kontakt _____ _____ (kommen), schrieb er als

   erster Römer über die Gallier.

2. Um die Gebiete links des Rheins besser zu kontrollieren, _____ die Römer

   Kastelle _____ (bauen).

3. Die Lager, in denen die Römer _____ _____

   (wohnen), wurden später zu bekannten Städten wie Trier, Köln und Mainz.

4. Bevor die Germanen die Römer im Teutoburger Wald besiegten, _____ der

   römische Feldherr Drusus bis zur Elbe _____ (gelangen).

5. Nachdem sich die Römer wieder hinter den Rhein und die Donau

   _____ _____ (zurückziehen), bauten sie einen

   Grenzwall, den Limes.

6. Während der Völkerwanderung im fünften Jahrhundert _____ sich die

   Stämme der Alemannen, Hessen, Franken und Baiern in Mitteleuropa

   _____ (niederlassen).

Alternatives to the Passive

F. Was lässt sich für die Umwelt machen? Sie hören Sätze im Passiv. Formulieren Sie die Sätze mit **lassen** um.

Sie hören: Einwegflaschen können recycelt werden.
Sie sagen: Einwegflaschen lassen sich recyceln.
Sie hören: Einwegflaschen lassen sich recyceln.

   1. ...   2. ...   3. ...   4. ...

G. Was macht man an diesen Orten? Sie hören Sätze im Passiv. Formulieren Sie die Sätze mit **man** um.

Sie hören: In einer Bibliothek wird gelesen.
Sie sagen: In einer Bibliothek liest man.
Sie hören: In einer Bibliothek liest man.

   1. ...   2. ...   3. ...   4. ...

H. Der Film „Die lustigen Oberbayern". Schreiben Sie die folgenden Sätze neu im Aktiv.

   MODELL: Der Film wurde 1999 gedreht. →
             Man drehte den Film 1999.

1. Die Hauptrolle wurde von Siggi Moosgruber gespielt.

2. Auch die Nebenrollen wurden mit bekannten Schauspielern besetzt.

_____

3. Der Film wurde von mehr als zehn Millionen Menschen gesehen.

_____

4. Der Film wurde wochenlang in allen Städten Deutschlands gezeigt.

_____

5. Trotz des großen Erfolges wurde der Film nicht für den „Oscar" nominiert.

_____

6. Es wurden aber viele Zeitungsberichte über den Film geschrieben.

_____

I. Was lässt sich in Wittenberg alles machen? Schreiben Sie die Sätze neu mit **lassen.**

MODELL: In Wittenberg können viele interessante Dinge gefunden werden. →
          In Wittenberg lassen sich viele interessante Dinge finden.

1. Das Haus von Martin Luther kann besucht werden.

_____

2. An der Tür der Schlosskirche können Luthers 95 Thesen gelesen werden.

_____

3. In der Kirche St. Marien können berühmte Gemälde von Lucas Cranach besichtigt werden.

_____

4. In den gemütlichen Restaurants der Stadt kann man gutes Essen bekommen.

_____

5. An einem schönen Tag können wunderbare Spaziergänge durch die Stadt gemacht werden.

_____

Word order with verbs

J. Eine amerikanische Austauschstudentin. Die neue Austauschstudentin aus den USA hat viele Fragen an Sie. Beantworten Sie die Fragen und stellen Sie dabei die Wörter, die Sie lesen, an den Anfang Ihrer Antwort.

Sie hören: Wo kann man hier etwas zu essen kaufen?
Sie lesen: in der Mensa
Sie sagen: In der Mensa kann man etwas zu essen kaufen.
Sie hören: In der Mensa kann man etwas zu essen kaufen.

1. in der Uni-Bibliothek
2. Professor Weinrich
3. zweimal pro Woche
4. am Ende des Semesters
5. fünfzehn Wochen
6. drei Monate

K. Deutscher Film. Was meinen diese Leute zum deutschen Film? Beantworten Sie die Fragen mit den Informationen unten. Achten Sie auf die Wortstellung!

Sie hören: Was meint Xaver zum deutschen Film?
Sie lesen: Xaver findet ihn gut, weil . . . (es gibt viele lustige Komödien).
Sie sagen: Xaver findet ihn gut, weil es viele lustige Komödien gibt.
Sie hören: Xaver findet ihn gut, weil es viele lustige Komödien gibt.

1. Monika mag ihn nicht besonders, weil . . . (er ist meistens zu langweilig)
2. Jens findet ihn nicht schlecht, auch wenn . . . (er ist oft zu intellektuell)
3. Jasmin gefallen die meisten Filme nicht, weil . . . (sie sind zu oberflächlich)
4. Harry findet deutsche Filme in Ordnung, obwohl . . . (er sieht lieber amerikanische Filme)
5. Gertraud liebt deutsche Filme, weil . . . (sie sind oft künstlerisch wertvoll)

L. Alban bäckt einen Kuchen für Thomas. Setzen Sie die *kursiv* gedruckten Wörter an den Beginn der Sätze.

MODELL: Alban wollte seinem Freund Thomas *zum Geburtstag* einen Kuchen backen. →
Zum Geburtstag wollte Alban seinem Freund Thomas einen Kuchen backen.

1. Er ging in die Stadt, *weil er ein Kochbuch kaufen wollte.*

_____

2. Er kaufte alle nötigen Zutaten *im Supermarkt.*

_____

3. Er fuhr danach *mit dem Bus* wieder nach Hause.

_____

4. Er hat *zu Hause* eine herrliche Schwarzwälder Kirschtorte gebacken.

_____

5. Er brachte den Kuchen *am nächsten Tag* zu Thomas.

_____

6. Thomas freute sich sehr, *obwohl sein Geburtstag erst ein Monat später war.*

_____

M. Ihre Meinung, bitte. Schreiben Sie die folgenden Sätze zu Ende.

1. Ich lerne Deutsch, weil _____.

2. Ich glaube, dass _____.

3. Ich weiß nicht, ob _____.

4. Wenn am Wochenende schlechtes Wetter ist, _____.

5. Nach dem Deutschunterricht _____.

6. Als ich ein Kind war, _____.

PERSPEKTIVEN

. . . .

Hören Sie zu!

A. Stimmt das oder stimmt das nicht? Hören Sie zu und kreuzen Sie die richtige Antwort an.

		JA	NEIN
1.	Herr Biedermann sucht Unterschlupf.	☐	☐
2.	Herr Biedermann ist sehr verdächtig seinen Gästen gegenüber.	☐	☐
3.	Herr Biedermann hat Angst vor Dachkammerbränden.	☐	☐
4.	Herr Biedermann hat den zwei Männern Streichholzer gegeben.	☐	☐
5.	Die Männer haben Benzin in der Dachkammer gelagert.	☐	☐

Lesen Sie!

Wortschatz zum Lesen

zugegebenermaßen	*admittedly*
pensioniert	*retired*
ein Jubiläum	*anniversary*
in Erfüllung gehen	*to come true*
ausführlich	*thoroughly*
stumm	*silent*

Perzinockel—Perzinackel

In Friedrichshafen am Bodensee, wo man so schöne Zeppeline baut, wohnt ein Junge, der half einer alten Frau in den Omnibus.

Das ist—zugegebenermaßen—nichts Besonderes. Denn täglich helfen Tausende von Jungen Tausenden von alten Leuten in den Omnibus und manchmal auch wieder hinaus.

Das besondere dabei war, daß die alte Frau eine pensionierte Zauberin war, die an diesem Tag gerade ihr hundertsiebenundneunzigjähriges Berufsjubiläum feierte und deshalb gute Laune hatte.

Aus diesem Grund schenkte sie dem Jungen zwei Wörter, nämlich Perzinockel und Perzinackel. Immer, wenn er die beiden Wörter sagte, durfte er sich etwas wünschen. Und das ging dann selbstverständlich in Erfüllung.

Zuerst sagte er zum Ausprobieren „Perzinockel—Perzinackel" und wünschte dabei, der Omnibus solle nach Berlin fliegen.

Sicher habt ihr darüber viel in der Zeitung gelesen. Denn man hat sich damals ausführlich darüber aufgeregt, daß der Omnibus ohne gültige Landeerlaubnis auf dem Flugplatz Tempelhof gelandet ist. Darüber hinaus hat sich ein Fahrgast bei der Omnibusgesellschaft beschwert, weil er seinen Zug nach Lindau verpaßte.

Dann sagte der Junge „Perzinockel—Perzinackel" und wünschte, daß er zu Hause im Wohnzimmer stünde. Kaum hatte er ausgewünscht, stand er auch schon dort.

„Da kommst du ja endlich", sagte seine Mutter. „Weißt du nicht, daß wir Punkt zwölf zu Mittag essen?"

„Doch, Mama. Stell dir vor, was ich heute . . .“ fing der Junge an zu erzählen. Aber der Vater sagte:

„Und deine Schuhe hast du auch nicht abgetreten. Wie oft muß man dir eigentlich noch sagen, daß du die Schuhe abtreten sollst, wenn du in die Wohnung kommst! Schließlich kann deine Mutter nicht jeden Tag putzen. Was glaubst du, wozu der Schuhabtreter da ist?“

„Das haben wir sofort“, sagte der Junge. „Perzinockel—Per . . .“

„Hör auf mit dem Herumgealber, geh vor die Flurtür und tret dir die Schuhe ab, wie es Papa gesagt hat!“ sagte die Mutter.

„Meinetwegen“, sagte der Junge mürrisch und trat die Schuhe ab. „Ich muß euch etwas ganz Tolles erzählen“, rief er dabei von draußen. „Immer, wenn ich sage ‚Perzinockel‘ . . .“

„Hör jetzt auf, Geschichten zu erzählen, und komm endlich! Das Mittagessen wird kalt“, rief der Vater, der schon am Mittagstisch saß.

„Ich komme ja schon“, sagte der Junge und setzte sich zu Tisch.

„Und jetzt bist du einmal ganz lieb und redest überhaupt nicht beim Mittagessen“, sagte die Mutter freundlich. „Du weißt, ich kann Streit bei Tisch nicht leiden!“

„Darf ich wenigstens noch ganz schnell sagen, was geschieht, wenn ich ‚Perzinockel‘ . . .“ fing der Junge wieder an.

„Jetzt hörst du endlich mit deinem albernen ‚Zerpinockel‘ auf!“ sagte der Vater.

„Papa hat recht“, stimmte die Mutter zu. „Ständig hast du ein neues Modewort. Und das mußt du dann den ganzen Tag anbringen. Gestern war es dieses ‚Knorke‘, heute ist es dieses ‚Pernizockel‘!“

„Zerponickel“, verbesserte der Vater. „Zerponickel!“

„Nein, er hat ‚Pernonickel‘ gesagt“, widersprach die Mutter. „Oder war es ‚Nerzipockel‘? Wie hieß dein Wort?“

„Es heißt weder Pernizockel noch Nerzipockel, noch Zerponickel“, sagte der Junge. „Das Wort heißt . . . äh . . . heißt, warte mal, heißt . . . äh . . . Pernozickel! Oder heißt es Zernopickel? Zernopickel—Pernazickel. So heißt es, glaube, ich. Ich kann es ja ausprobieren.“

„Ausprobieren?“ fragte der Vater. „Wieso?“

„Wenn ich die Wörter sage und dabei etwas wünsche, geht es in Erfüllung“, erklärte der Junge.

„Du sollst nicht solchen Unsinn erzählen!“ schimpfte der Vater.

„Er meint es nicht böse. Er liest eben zu viele Märchenbücher“, sagte die Mutter.

„Ich kann es euch ja beweisen“, rief der Junge. „Ich wünsche, daß der Spinat vom Tisch verschwindet und statt dessen Himbeereis dasteht. Zerponickel—Pernazickel!“

„Na, siehst du, es geschieht nichts!“ sagte die Mutter. „Außerdem weiß ich gar nicht, was du gegen meinen Spinat hast. Da sind ganz viele wichtige Vitamine drin!“

„Die richtigen Wörter werden mir schon einfallen“, sagte der Junge. „Dann werdet ihr ganz schön staunen. Zerpinockel—Pernizackel. Nein, das war es nicht. Zerpipockel—Pernizappel. Zerkarnickel—Ponizappel. Zerkinappel—Papizockel. Perlikockel—Perkolackel . . .“

„Noch ein Wort, und mir reißt die Geduld!“ drohte der Vater.

Da aßen alle drei stumm ihren Spinat.

Der Junge probierte den ganzen Nachmittag, den ganzen Abend und die halbe Nacht Wörter aus. Aber die beiden richtigen fielen ihm nicht mehr ein.

Falls ihr irgendwann einmal nach Friedrichshafen kommt und ihn zufällig trefft, könnt ihr ihm ja die beiden richtigen Wörter sagen. Er ist ungefähr zehn Jahre alt, hat braune Haare und trägt meistens Blue jeans.

Ich bin überzeugt, daß er sich dann sehr freut und euch zur Belohnung mindestens zehn Pfund Bonbons und zwanzig Portionen Himbeereis wünscht.

Paul Maar, aus Summelsarium oder 13 wahre Lügengeschichten *(Hamburg: Oetinger, 1973).*

B. Eltern und Sohn. Beschreiben Sie das Verhältnis zwischen dem Jungen und seinen Eltern. Wie reden die Eltern mit ihm? Wie antwortet er auf ihre Fragen?

_____

_____

_____

_____

C. Der Szenenplan. Sie wollen jetzt die Kurzgeschichte „Perzinockel—Perzinackel" in ein Theaterstück umschreiben. Dazu müssen Sie zuerst eine Liste der einzelnen Szenen zusammenstellen. Wo findet jede Szene statt? Wer spielt mit? Was passiert?

Szene	Wo	Wer	Was passiert?
1	Omnibus in Friedrichshafen	Junge Alte Frau (Zauberin)	Der Junge hilft der alten Frau, die Zauberin ist, und sie schenkt ihm zwei Zauberwörter.
2	Berlin (Flugplatz Tempelhof)		
3		Junge Mutter Vater	
4			Der Junge probiert weiter, allein, aber findet die Zauberwörter nicht mehr.

Schreiben Sie!

D. Das Theaterstück. Schreiben Sie jetzt Ihr Theaterstück. Sie können den gesamten Text oder nur einzelne Szenen umsetzen. Benutzen Sie die Beschreibungen der Szenen aus der Aktivität C und schreiben Sie Dialoge. Vergessen Sie nicht die Bühnenanweisungen!

_____

_____

_____

_____

_____

_____

_____

_____

_____

_____

_____

_____

_____

_____

_____

_____

_____

_____

_____

_____

_____

_____

_____

_____

Wenn Sie fertiggeschrieben haben, spielen Sie das Theaterstück mit Ihren Kollegen im Deutschkurs!

WIEDERHOLUNG 12

• •

VIDEOTHEK

• •

 A. Typisch deutsch? Hören Sie Ergün
Çevik zu. Er erzählt von der deutschen
Liebe zur Genauigkeit und Ordnung.
Welche Beispiele sieht er als positiv, welche als
negativ?

Ergün Çevik lebt schon lange in Deutschland.

	POSITIV	NEGATIV
1. Alles ist beschildert.	☐	☐
2. Bei Rot stehen, bei Grün gehen.	☐	☐
3. Der Friseurbesuch wird vorher vereinbart.	☐	☐
4. Der Terminkalender ist sehr wichtig.	☐	☐
5. Die Fahrpläne werden eingehalten.	☐	☐
6. Die Schilder muss man unbedingt beachten.	☐	☐
7. Runter vom Fahrrad.	☐	☐

 B. Umweltschutz. Verbinden Sie die Satzteile.

1. Mit Solaranlagen ____

2. Dächer aus Gras ____

3. Die Fußböden sind zum größten Teil aus Holz, ____

4. Die Waschmaschine braucht wenig Wasser ____

5. Das machen wir aber nicht im elektrischen

   Wäschetrockner, ____

a. was ja auch wieder Wärme
   hereinbringt in das Haus.
b. sondern wir haben uns einen
   Wäschetrockner dafür gebaut.
c. erhält man Energie aus Sonnenlicht.
d. und weil Bärbel Barmbeck nicht so
   heiß wäscht, spart sie auch Energie.
e. schützen vor Hitze und Kälte.

C. Was ist typisch? Was ist, Ihrer Meinung nach, eine typische Eigenschaft Ihres Landes?
Erklären Sie diese Eigenschaft.

_____

_____

_____

VOKABELN

A. Der Umweltschutz. Natalie erzählt, was sie und ihre Freunde für die Umwelt tun. Hören Sie zu und setzen Sie die fehlenden Wörter ein.

1. Mein Freund Matthias kauft keine ______________________ oder ______________________.
2. Wir benutzen zu Hause nie ______________________.
3. Meine Freunde und ich ________________ alles.
4. Das ______________________ in Deutschland ist ________________ gut.
5. Wir alle benutzen ______________________ ______________________.
6. Das ________________ habe ich auch miterlebt.
7. Nun ________________ ich den ______________________ in die Praxis __________.

B. Filme und Künstler. Was wissen Sie über die folgenden Filme oder Personen? Benutzen Sie die Vokabeln, die Sie in Kapitel 36 gelernt haben.

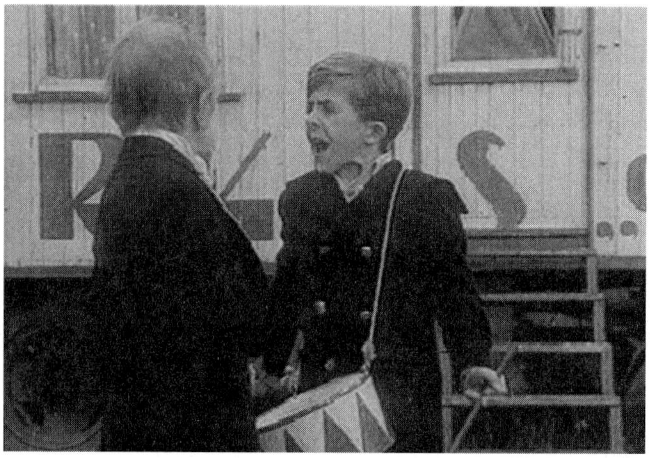

1. „Die Blechtrommel" ____
2. Marlene Dietrich ____
3. Billy Wilder ____
4. Günter Grass ____
5. Wim Wenders ____

C. Musik. Nennen Sie mindestens fünf deutschsprachige Schriftsteller und fünf Komponisten.

SCHRIFTSTELLER	KOMPONISTEN
1. _____	_____
2. _____	_____
3. _____	_____
4. _____	_____
5. _____	_____

STRUKTUREN

A. Was haben diese Leute gestern gemacht? Hören Sie zu und verbinden Sie die Satzteile.

1. _d_ Martin hat viel gelernt,

2. ____ Daniela war mit Freunden im Kino

3. ____ Thomas hat ein Buch auf Spanisch gelesen,

4. ____ Herr Weinrich ist zu Hause geblieben,

5. ____ Ulla und Anka haben einen Stadtbummel gemacht,

6. ____ Frank ist zum Flughafen gefahren,

7. ____ Kirstin hat alle leeren Flaschen in den Restmüll geworfen,

8. ____ Uwe ist zum Sportplatz gegangen,

a. ohne etwas einzukaufen.
b. um seine Freundin abzuholen.
c. anstatt sie zum Recyclingcontainer zu bringen.
d. um eine gute Zwischenprüfung zu schreiben.
e. ohne ein Wörterbuch zu benutzen.
f. anstatt mit seinen Freunden zum Stammtisch zu gehen.
g. um mit seinen Freunden Fußball zu spielen.
h. anstatt für die Klausur zu lernen.

B. Im Möbelgeschäft. Hören Sie zu und beantworten Sie die Fragen.

Sie hören: Was für einen Sessel suchen Sie?
Sie lesen: Ich suche einen Sessel. In ihm kann man bequem sitzen.
Sie sagen: Ich suche einen Sessel, in dem man bequem sitzen kann.
Sie hören: Ich suche einen Sessel, in dem man bequem sitzen kann.

1. Ich interessiere mich für ein Sofa. Auf ihm kann man gut schlafen.
2. Ich möchte ein Bett. Seine Matratze soll nicht zu weich sein.
3. Ich brauche eine Lampe. Mit ihr kann man gut lesen.
4. Ich suche nach einem Teppich. Sein Muster ist interessant.
5. Ich hätte gerne einen Schreibtisch. Seine Arbeitsfläche soll groß sein.
6. Ich möchte ein paar Stühle. Auf ihnen kann man bequem sitzen.

C. Notizen aus der deutschen Geschichte. Schreiben Sie die Sätze neu im Passiv und achten Sie dabei auf die Zeitformen.

MODELL: 1945 beendete man den Zweiten Weltkrieg. →
1945 wurde der Zweite Weltkrieg beendet.

1. Nach dem Krieg haben die Alliierten Deutschland in vier Besatzungszonen geteilt.

   _____

2. Am 23. Mai 1949 verkündete man das Bonner Grundgesetz.

   _____

3. 1949 gründete man auch die Deutsche Demokratische Republik.

   _____

4. 1989 demonstrierte man in Berlin, Dresden und Leipzig gegen das sozialistische System.

   _____

5. Am 9. November 1989 öffnete man die Berliner Mauer.

   _____

D. Karl August Musäus. Ergänzen Sie die Verbformen des Verbs in Klammern im Plusquamperfekt.

Karl August Musäus wurde am 29. März 1735 in Jena geboren. Nachdem er die Schule

_____ *beendet* _____ *hatte* _____ [1] (beenden), studierte er an der Universität

Theologie. Die Dorfgemeinde, in der er arbeiten sollte, akzeptierte ihn nicht als Pfarrer, weil er an

einem Tanzabend _____ _____ [2] (teilnehmen).

Nachdem er 1769 Professor an einem Gymnasium _____

_____ [3] (werden), begann er, Märchen und Sagen zu sammeln. Bevor er zu

schreiben begann, _____ er Kinder von der Straße

_____ [4] (holen), die ihm Märchen erzählten und dafür Geld bekamen. Er

_____ auch alte Frauen _____ [5] (bitten), ihm

Geschichten und Sagen zu erzählen. 1782–1787 erschienen seine „Volksmärchen", die er vor allem

für Erwachsene _____ _____ [6] (schreiben).

E. Und Sie? Beenden Sie die folgenden Sätze.

1. Als ich ein kleines Kind war, _____.

2. Bevor ich in die Schule kam, _____.

3. Nachdem ich in die Schule gekommen war, _____.

4. Als ich zwölf Jahre alt wurde, _____.

5. Bevor ich vierzehn Jahre alt war, _____.

Answer Key

Vokabeln

A. 1. mitkommen, anrufen 2. aufpassen, zurückkommen

B. 1. Lars kommt aus Dänemark. 2. Christina kommt aus Ungarn. 3. Christina ist vor drei Tagen in München angekommen. 4. Lars hat ein Zimmer bei Bekannten seiner Mutter gemietet. 5. Sie hat vor dreißig Jahren auch in München studiert.

Strukturen

A. 1. helft 2. Wiederholen 3. trink 4. kommen . . . herein 5. malt 6. gib 7. setzen 8. öffne

B. 1. en 2. e 3. e 4. es 5. es 6. en 7. en 8. en 9. en 10. e 11. e 12. en

C. 1. Ihnen 2. mir 3. Sie 4. mir 5. ihm

D. 1. angekommen 2. gewohnt 3. gefunden 4. gekauft 5. gefahren 6. gelegen 7. gehabt

E. 1. war 2. hatte 3. saß 4. konnte 5. war 6. schrieb 7. gab 8. waren

Perspektiven

A. 1. a 2. d 3. b 4. c

B. 1. D 2. A 3. A 4. D

KAPITEL 25: MITEINANDER

Videothek

A. *Some answers will vary slightly.* 1. ältere Schwester; Sabine; a. Fühlingen 2. Vater; a. Fühlingen; Professor für Jura (Recht) 3. Mutter; a. Fühlingen; Richterin 4. Oma; b. Köln; 85; fährt nach Fühlingen und kocht für sie; dreimal die Woche

B. *Answers will vary.*

D. a. 1 b. 6 c. 2 d. 5 e. 4 f. 3

E. 1. S 2. P 3. S 4. P

F. 1. ja 2. nein 3. ja 4. ja 5. nein

Vokabeln

A. 1. Die deutsche Familie lebte in einer festen Ordnung. 2. Mit sechzehn wurden die Söhne Soldaten. 3. Die Frauen wurden wieder Hausfrauen.

B. 1. f 2. d 3. a 4. g 5. e 6. b

D. 1. das Haar 2. der Hals 3. der Rücken 4. die Füße 5. die Hände 6. die Schultern 7. das Kinn 8. der Mund 9. die Nase 10. die Augen 11. der Kopf

E. 1. heiratete 2. Beruf 3. sorgte 4. verdienten 5. überlebt 6. Ehe 7. Verlobung 8. erwartet 9. Umstellung 10. eigene

Strukturen

A. 1. d 2. e 3. b 4. i 5. h 6. a 7. c 8. g 9. f

B. 1. lebte 2. studierte 3. konnte 4. wurde 5. war 6. gründeten 7. schrieb 8. komponierte 9. heiratete 10. zog 11. starb

C. 1. kam 2. machte 3. wurde 4. sprachen 5. baten 6. sagte 7. sprach 8. gingen 9. stieg 10. hob 11. wollte 12. standen 13. machten 14. glaubten 15. konnte 16. lachte 17. sagte 18. stieg 19. ließ 20. ging

E. 1. und 2. dass 3. und 4. aber 5. dass

F. 1. d 2. c 3. b 4. f 5. a 6. e

H. 1. weil 2. dass 3. sondern 4. aber 5. aber

I. 1. Meine Großmutter wohnt in der Stadt, aber meine Eltern wohnen in einem Vorort. 2. Mein Vater ist Professor und meine Mutter ist Richterin. 3. Meine Mutter blieb nicht zu Hause, sondern sie machte Karriere. 4. Wir waren sehr froh, denn wir hatten ein gutes Familienleben. 5. Meine Großmutter passte auf uns auf, weil unsere Eltern berufstätig waren. 6. Es ist noch eine Tradition, dass sie dreimal pro Woche zu uns fährt.

L. 1. Als Kind war ich nicht besonders intelligent. 2. Ich konnte mit 3 Jahren noch nicht lesen. 3. Mein Großvater lebte nicht mehr in Wien.

M. 1. Nein, ich wohne nicht mehr bei meinen Eltern. 2. Nein, ich bin nicht (noch nicht, nicht mehr) verheiratet. 3. Nein, ich habe keine noch keine Kinder. 4. Nein, mein Urgroßvater lebt nicht mehr.

Perspektiven

A. 1. Namen 2. Beruf 3. Geschwister 4. Tante 5. Onkel 6. Autoren

D. 1. d 2. b 3. a 4. c

F. *Answers will vary.*

G. *Students should have 3–4 items in each column. Possible answers:* **Liebe und Geborgenheit:** a, b, c, e, f, g, h, i, k, l; **Geld, Zeit und Arbeit:** d, h, i, j, n, o; **Negatives:** d, i, j, l, m, n, o, p, q

H. *Answers will vary.*

I. *Answers will vary.*

KAPITEL 26: JUGEND

Videothek

A. a. 2 b. 3 c. 1 d. 4

B. a. 2 b. 4 c. 3 d. 5 e. 1 f. 6

C. 1. c 2. e 3. a 4. f 5. d 6. b

D. 1. Gymnasiastin; 19; ihrer Mutter 2. Bankkaufmann; 17; Frankfurt; Er ist kroatischer Staatsbürger, ist in Frankfurt geboren, Familie lebt seit 20 Jahren in Deutschland. 3. Floristin; 18; einem kleinen Dorf; zehnjährige Schulzeit, Lehre in Erfurt 4. *Answers will vary.*

E. 1. R 2. K 3. U 4. K 5. U 6. R

Vokabeln

A. 1. nein 2. ja 3. nein 4. ja 5. ja

B. 1. oft 2. ins Ladenfenster 3. Frankfurt oder Berlin 4. angepasst 5. gern

C. 1. Zukunft 2. unterschiedlich 3. Bescheidenheit, verwirklichen 4. wählen 5. Suche, Identität

D. 1. d 2. a 3. b 4. c 5. f 6. e

E. 1. der Kunde 2. der Gymnasiast 3. das Jahrzehnt 4. der Wandel 5. der Frieden 6. die Vergangenheit 7. gewalttätig 8. das Geschäft 9. die Art

Strukturen

A. 1. D, schöne Blumen 2. D, seine Mitarbeiter 3. I, ihren Studenten 4. I, dem Kunden 5. D, viele Geschenke

B. 1. Mir 2. euch 3. mich 4. Er 5. ihm 6. Sie 7. ihr 8. ihr 9. es 10. ihn 11. ich 12. sie 13. dich 14. wir 15. dir

C. 1. Die Kellnerin bringt der Familie die Speisekarte. 2. Der Vater zeigt seiner Frau die Speisekarte. 3. Die Frau bestellt dem Vater ein Wiener Schnitzel. 4. Das Vanilleeis schmeckt den Kindern am besten.

D. 1. Die Großmutter dankt dem Enkel für die Blumen. 2. Die Großmutter zeigt dem Kind die Blumen. 3. Die ganze Familie wünscht der Großmutter „Alles Gute".

E. 1. Wem hilft Professor Ostendorf? 2. Wem gefällt die Vorlesung? 3. Wer reagiert auf die Fragen? 4. Wen muss Jutta morgen anrufen? 5. Wer hat am Montag eine Klausur?

F. 1. ihn, er, ihn, er, ihr 2. dir, sie, mir, Sie, dir (*or* dir, mir, sie, Sie, dir) 3. ihm, ihnen, sie

J. Wegen, innerhalb, Trotz, Während, außerhalb

K. 1. den 2. dem 3. dem 4. dieser 5. der 6. vielen 7. diesen 8. unserer 9. die 10. das 11. der 12. diese

Perspektiven

A. 1. Eltern 2. Jugend- 3. Freunde 4. sagen 5. Angst

C. *Answers will vary.*

D. *Answers will vary.*

E. *Answers may vary. Likely answers:* 1. a or c 2. a 3. c 4. b

F. *Answers will vary.*

G. *Answers will vary.*

KAPITEL 27: SCHULALLTAG

Videothek

A. 1. a 2. b 3. c 4. a

B. 1. Gymnasium 2. Handels 3. rechnen

C. a. 3 b. 5 c. 6 d. 4 e. 2 f. 1

D. 1. Dirk 2. Erika 3. Anett 4. Anett 5. Erika 6. Dirk

E. *Answers will vary. Possible answers:* 2. Das ist Karolins Zimmer. 3. Das ist Karolins Hund Sammy. 4. Das ist Karolin. *or* Karolin macht ihre Hausaufgaben. *or* Karolin geht in die zehnte Klasse. *or* Karolin braucht eine Stunde für ihre Hausaufgaben. 5. Das ist Karolins Schulbus. *or* Fast alle Schüler fahren mit dem Schulbus. 6. Das ist Karolins Dorf. *or* In Karolins Dorf leben etwa tausend Einwohner.

F. 1. Sie unterrichtet Mathematik und Deutsch. 2. Sie findet Mathe langweilig. 3. Sie spielen in Französisch „Restaurant". 4. Sie spielen Tischfußball oder Karten. 5. Ihr Kino benutzen sie in Biologie. 6. Sie singt, denn sie ist Sängerin in der Schulband.

Vokabeln

A. 1. e 2. a 3. d 4. b 5. f 6. c

C. 1. b 2. a 3. a 4. a

D. 1. Grundlagen 2. Alptraum 3. Wettbewerb 4. Vergangenheit 5. Gegenwart

E. 1. c 2. a 3. c 4. c

F. *Answers may vary slightly. Likely answers:* 1. Kunst, freiwillig 2. Informatik, Pflicht *or* freiwillig 3. Mathematik, Pflicht 4. Musik, freiwillig

G. *Answers will vary.*

Strukturen

A. 1. welche 2. dieses 3. solche 4. manche 5. jedes

B. Schritt 1 1. es 2. en 3. er 4. e, m 5. e 6. e 7. es 8. er

D. 1. nein, ~~ihrer Tante~~ → ihren Eltern 2. nein, ~~jeden Nachmittag im Restaurant~~ → jeden Abend im Hotel 3. ja 4. nein, ~~Jedes Wochenende~~ → Dieses Wochenende

E. 1. Jonas: Sein Alter ist 19 Jahre. Seine Augenfarbe ist braun. Seine Haare sind dunkelblond. Seine Eltern heißen Maria und Drago. Seine Interessen sind Segeln und Musik hören. Sein Hobby ist Kochen. 2. Isabella: Ihr Alter ist 22 Jahre. Ihre Augenfarbe ist grün. Ihre Haare sind hellbraun. Ihre Eltern heißen Johanna und Bodo. Ihre Interessen sind Bücher lesen und Filme sehen. Ihr Hobby ist Klavierspielen.

F. 1. schönen 2. grünem 3. tolle 4. neue 5. gemütlichen 6. Liebe

I. 1. en 2. e 3. en 4. en 5. e 6. en 7. er 8. er 9. e 10. er 11. en 12. es 13. en 14. en 15. es 16. e

J. 1. Was für einen Schulalltag hat Birgit? Sie hat einen abwechslungsreichen Schulalltag. 2. Was für Pflichtfächer belegt Birgit? Sie belegt einige langweilige Pflichtfächer. 3. Was für ein Gymnasium besucht Birgit? Sie besucht ein großes Gymnasium. 4. Was für Wahlfächer hat Birgit? Sie hat mehrere interessante Wahlfächer.

Perspektiven

A. 1. wurde 2. verdienen 3. lernte 4. Ausbildung 5. Unterricht 6. verließ 7. Schule 8. bestand 9. konnte 10. Uni 11. Vorlesungen 12. zweites 13. seinem 14. täglich 15. Wissenschaft

C. *Answers will vary.*

D. *Answers will vary.*

E. *Answers will vary.*

F. *Answers will vary. The answer should be a 4-line poem. Lines 1 and 2 should rhyme with each other, as should lines 3 and 4.*

© 2000 WGBH Educational Foundation and CPB

WIEDERHOLUNG 9

Videothek

A. 1. R 2. K 3. U 4. U 5. K 6. R

B. 1. f 2. c 3. a 4. d 5. g 6. e 7. b

Vokabeln

A. 1. ja 2. nein 3. nein 4. ja 5. nein 6. ja 7. nein 8. nein

B. 1. Meta ist Sybillas Großmutter. 2. Karl ist Sybillas Vater. 3. Er heiratete nach dem Studium. 4. Sie kümmerte sich um das Kind und den Haushalt. 5. Seit dem Tod ihres Mannes lebt sie allein. 6. Sie lebte mit Freunden in einer WG.

Strukturen

A. 1, 2, 4 hat er schon gemacht. 3, 5, 6, 7, 8 hat er noch nicht gemacht.

C. *Answers will vary.*

D. *Answers may vary slightly.* 1. Um acht Uhr stand Jasmin auf. 2. Dann frühstückte sie. 3. Sie fuhr (mit dem Auto) zur Universität. 4. Sie arbeitete in der Bibliothek. 5. Sie aß mit Josef zu Mittag. 6. Sie spielte mit Heinz Tennis. 7. Um drei Uhr trank sie Tee. 8. Sie rief Natalie an. 9. Sie ging mit Martha spazieren.

KAPITEL 28: UNIVERSITÄT

Videothek

A. 1. Bildung 2. älteste 3. Hochschule 4. Universität

B. a. 2 b. 5 c. 4 d. 6 e. 1 f. 3

C. a. D b. K c. D d. S e. K f. S

D. a. 3 b. 5 c. 1 d. 2 e. 4

F. 1. S 2. A 3. S 4. S 5. A 6. A 7. S

G. 1. Susanne macht nächstes Jahr das Abitur. 2. Sie möchte ein Jahr nach Spanien, in die USA oder nach England gehen. 3. Sie möchte studieren. 4. Sie möchte in Köln studieren. 5. Sie möchte Politologie, Geschichte und Philosophie studieren.

H. *Answers will vary.*

Vokabeln

A. 1. bekommen 2. nimmt 3. zu 4. heutigen 5. aufnehmen 6. Wintersemester

C. 1. f 2. a 3. d 4. e 5. b 6. c

D. 1. vor 2. an 3. nach 4. über

E. 1. Erfahrung 2. Begriff 3. Diplomarbeit 4. Geisteswissenschaften 5. Vorlesungen, beliebt

Strukturen

A. a. 3 b. 7 c. 8 d. 5 e. 6 f. 4 g. 1 h. 2

D. 1. hätte 2. wollte 3. könnte 4. hätte 5. wünschte 6. könnte 7. würde 8. möchte 9. wäre 10. wünschte 11. müsste 12. könnten 13. sollte 14. dürfte

E. 1. Josef würde gern ins Kino gehen. 2. Josef würde gern Golf spielen. 3. Josef würde gern schwimmen. 4. Josef würde gern in die Disko gehen. 5. Josef würde gern nach Berlin fahren.

F. *Answers will vary.*

G. *Answers will vary slightly.* 1. Könnte ich bitte mal dein Buch haben? 2. Würdet ihr mir bitte das Video zurückgeben! 3. Könnten Sie mir bitte sagen, wie spät es ist? 4. Würden/Könnten Sie mir bitte eine Tasse Kaffee bringen! 5. Dürften wir mal die Speisekarte sehen?

I. 1. Wenn wir nur nicht jeden Tag so viele Hausaufgaben machen müssten! 2. Wenn manche Pflichtfächer nur nicht so langweilig wären! 3. Wenn du morgen nur keine große Prüfung hättest! 4. Wenn ihr nur zu Hause wäret!

K. *Answers will vary slightly. Possible answers:* 1. Ich hätte nicht Musik gehört. *or* Ich hätte mich nicht mit Freunden unterhalten. 2. Ich wäre nicht ins Kino gegangen. *or* Ich wäre nicht Motorrad gefahren. 3. Ich hätte nicht getanzt. *or* Ich hätte nicht Musik gemacht/gespielt. 4. Ich wäre nicht gewandert. *or* Ich wäre nicht mit dem Auto gefahren. 5. Ich hätte nicht ferngesehen. *or* Ich hätte nicht gestrickt.

Perspektiven

A. 1. Museen 2. Stadt 3. Hauptstadt 4. Region

C. *Answers may vary slightly. Possible answers:* 1. eine Frau, deren Mann gestorben ist 2. rechte Tochter 3. dem gestorbenen Mann

D. 1. f 2. g 3. a 4. b 5. c 6. d 7. h 8. e

E. *Answers will vary.*

F. *Answers will vary.*

G. *Answers will vary.*

H. *Answers will vary.*

I. *Answers will vary.*

KAPITEL 29: ARBEIT UND WIRTSCHAFT

Videothek

A. 1. G 2. E 3. A 4. E 5. A 6. G 7. E

B. hohe Steuern, Arbeitslosigkeit

C. 1. 50er 2. 80er 3. 70er 4. 90er 5. 50er 6. 80er 7. 60er 8. 90er

D. a. 4 b. 7 c. 5 d. 1 e. 3 f. 6 g. 2 h. 8

F. a. 3 b. 1 c. 2

Vokabeln

A. 1. ja 2. ja 3. nein 4. nein 5. ja

C. *Answers will vary. Possible answers:* 1. Stefanie plant gern Städte und Gebäude. Sie will Architektin werden. Der Beruf erfordert mathematische Kenntnisse. 2. Paul studiert Medizin. Er will Arzt werden und selbstständig arbeiten. 3. Karla will im Fernsehen sein. Als Reporterin muss sie kritisch denken und sie hat die Möglichkeit, zu reisen.

Strukturen

A. Garten: Herr Braun: nicht so groß (kleiner); Tomaten: Herr Braun: roter, süßer; Hund: Frau Pfleger: klüger; Möbel: Herr Braun: schöner; Garage: Frau Pfleger: älter

B. 1. viel/mehr 2. fleißig/fleißiger 3. gut/besser 4. gern/lieber 5. alt/älter 6. kritisch/kritischer 7. rücksichtsvoll/rücksichtsvoller

F. *Answers will vary.*

G. 1. Die Steuern werden immer höher. 2. Mit dem Flugzeug fliegen wird immer teurer. 3. Im Sommer wird es immer heißer. 4. Im Winter wird es immer kälter.

H. 1. Möchten Sie den längeren oder den kürzeren Sakko? 2. Möchten Sie die größere oder die kleinere Mütze? 3. Möchten Sie die leichteren oder die schwereren Schuhe?

J. *Answers will vary slightly. Possible answers:* 1. Frau Stimmel ist größer als Herr Behn. Herr Behn ist kleiner als Frau Stimmel. 2. Das Paket von Claudia Meyer ist größer als das Paket von Herrn Behn. Das Paket von Herrn Behn ist kleiner als das Paket von Claudia Meyer. 3. Kerstin ist größer als Alex. Alex ist kleiner als Kerstin. 4. Das Paket von Frau Stimmel ist am kleinsten. 5. Anni ist am kleinsten.

K. 1. höchste 2. längste 3. meiste 4. größte 5. größten 6. kleinste

L. 1. schlafender 2. spielende 3. fahrendes

M. 1. die gestiegene Zahl der Arbeitslosen 2. die frisch gewaschenen Jeans 3. der auf Gleis drei bereitgestellte Zug nach München 4. das in Butter gebratene Schnitzel

Perspektiven

A. 1. besser 2. Beruf 3. Menschen 4. stellt 5. arbeitete 6. Heimat 7. Kunden 8. Arbeit

C. 1. ja 2. ja 3. nein 4. ja 5. nein 6. ja 7. nein

D. *Answers will vary.*

E. *Answers may vary slightly. Possible answers:* a. 7 b. 4 c. 9 d. 10 e. 2

F. *Answers will vary.*

KAPITEL 30: FRAUEN UND MÄNNER

Videothek

A. a. 2 b. 3 c. 1 d. 5 e. 7 f. 4 g. 6

B. 1. nein 2. ja 3. nein 4. ja 5. ja 6. ja

D. 1. b 2. c 3. a 4. c 5. b

E. a. 2 b. 3 c. 1 d. 4

F. 1. Buchhändlerin 2. Engagement, Frauenbewegung 3. selbstverständlich, Urgroßmutter, Oma, Mutter 4. Rechte, Generationen

G. 1. d 2. e 3. b 4. a 5. c

Vokabeln

A. 1. d 2. e 3. a 4. g 5. f 6. c 7. h 8. b

B. 1. ja 2. nein: In der Familie von Annikas Mutter waren die <u>Mädchen</u> benachteiligt. 3. ja 4. nein: <u>Annikas Mutter</u> ist Ärztin. 5. ja 6. nein: Annikas Eltern haben sich <u>an der Universität</u> kennen gelernt.

D. 1. Wahlrecht 2. Abgeordnete 3. Kinderkrippen 4. Gleichberechtigung 5. Redefreiheit

E. 1. a, b 2. a, b, c 3. a 4. a, b 5. a, b

F. 1. b 2. c 3. d 4. a 5. e

Strukturen

A. 1. indirekte Rede 2. direkte Rede 3. direkte Rede 4. indirekte Rede 5. indirekte Rede 6. direkte Rede

C. 1. nein: Siggi Moosgruber sagt, er sei 1964 geboren. 2. nein: Er sagt, er habe drei Geschwister. 3. nein: Er erzählt, Tragödien seien seine Lieblingsstücke. 4. nein: Er sagt, er gehe nicht gern auf Tournee, denn dann könne er wenig schlafen. 5. ja 6. ja 7. ja 8. nein: Er sagt, in den Ferien reise er am liebsten nach Griechenland. 9. ja 10. nein: Er glaubt, alle Menschen würden ihn lieben.

E. 1. Sie sagt, sie lese meistens geographische oder geschichtliche Bücher über ihre Heimat Schlesien. 2. Sie sagt, sie borge es sich von der Nachbarin. 3. Er sagt, er müsse sehr viel aus beruflichen Gründen lesen. 4. Er sagt, er wolle sich im Urlaub ausschließlich entspannen. 5. Er sagt, er sei ziemlich stark in zwei Vereinen engagiert. 6. Er sagt, er lese einen Krimi oder einen Wildwestroman.

F. *Answers may vary slightly.* 1. Daniela sagt, sie sei um acht Uhr aufgestanden. 2. Sie sagt, sie sei 5 Kilometer gelaufen. 3. Sie sagt, sie habe eine Jacke und Jeans getragen. 4. Sie sagt, sie sei mit dem Bus zur Universität gefahren. 5. Sie sagt, sie habe in der Mensa gegessen und getrunken. 6. Sie sagt, sie habe sich mit ihrem Freund getroffen. 7. Sie sagt, ihr Freund habe sie zum Essen eingeladen. 8. Sie sagt, nach dem Essen habe sie ferngesehen. 9. Sie sagt, sie habe im Bett gelesen. 10. Sie sagt, um 12.30 habe sie geschlafen.

H. 1. Eine Studentin fragt, ob es eigentlich eine richtige Gleichberechtigung im Uni-Leben gebe. 2. Ein Student will wissen, warum die Universität keine Kinderkrippe habe. 3. Ein Professor fragt, wer heute schon einmal über Gedankenfreiheit nachgedacht habe. 4. Die Studenten wollen wissen, ob nur die Professoren Redefreiheit hätten. 5. Eine Professorin fragt, was der Hintergrund der deutschen Geschichte nach 1945 sei.

J. 1. Sei nicht traurig! 2. Vergesst mich nicht! 3. Komm mich mal besuchen! 4. Versprechen Sie, nicht zu viel zu arbeiten.

K. 1. Schlafen Sie doch mehr! 2. Mach doch das Fenster auf! 3. Fahrt doch etwas früher los! 4. Zieh dir doch diese Jacke an! 5. Fahr doch mit dem Bus!

Perspektiven

A. 1. Unterdrückung 2. verwirklichen 3. behandelt 4. unterstützen 5. weniger 6. Mädchen 7. progressiv 8. Sprache 9. Gruppen 10. Buchladen

B. *Answers may vary slightly in form.* 1. Der Buchladen will darüber informieren, wie Frauen ihre Unterdrückung erkennen und verändern können. 2. Frauen haben fast unbegrenzte Möglichkeiten, sich selbst zu verwirklichen. 3. Das Flugblatt argumentiert dagegen. 4. Sie arbeiten oft in schlecht bezahlten Berufen. 5. Sie müssen sich um Kinder und um den Haushalt kümmern. 6. Mädchen bekommen im Durchschnitt 8 DM weniger als Jungen.

C. 1. N 2. M 3. F 4. F 5. M 6. N 7. N 8. F 9. M

D. 1. 10 2. 0 3. 3

E. *Answers will vary.*

F. *Answers will vary.*

G. 1. d 2. a 3. e 4. g 5. c 6. b 7. f

H. *Answers will vary.*

WIEDERHOLUNG 10

Videothek

A. 1. Brief 2. Student 3. teuer 4. Maschinenbau 5. Studium 6. Vorlesungen 7. Mensa

B. 1. 35 000 Studenten studieren in Heidelberg. 2. Rechtswissenschaft/Jura ist ein beliebtes Studienfach. 3. Sie wurde im 14. Jahrhundert gegründet. 4. Die ersten Studienfächer waren Jura, Theologie, Philosophie und Medizin. 5. Chemie und Physik wurden zu Studienfächern. 6. Sie waren Philosophen. 7. Man kann jetzt Übersetzen und Dolmetschen studieren.

Vokabeln

A. 1. nein 2. ja 3. nein 4. ja 5. nein 6. nein

B. 1. Termin 2. Kenntnisse 3. Bewerber 4. Betrieb 5. Arbeitsplatz

C. 1. b 2. j 3. f 4. g 5. d 6. e 7. h 8. a 9. i 10. k 11. l 12. c

Strukturen

C. *Answers will vary.*

D. *Answers will vary slightly.* Katinka erzählt, sie sei letzte Woche mit dem Zug nach München gefahren. Sie sagt, sie habe ein Zimmer in einer kleinen Pension gehabt. Sie sagt weiter, am Nachmittag habe sie ihre Freunde getroffen und sie seien zusammen zum Oktoberfest gegangen. Sie hätten gegessen und getrunken, aber als sie bezahlen wollte, habe sie einen Riesenschreck bekommen: Ihre Handtasche sei weg gewesen. Sie erzählt, ihre Freunde hätten für sie bezahlt und die Polizei angerufen. Als sie endlich wieder in der Pension sei, habe sie ihren Augen nicht trauen können—die Handtasche habe auf dem Bett in ihrem Zimmer gelegen.

KAPITEL 31: FREIZEIT

Videothek

A. 1. P 2. K 3. D 4. G 5. P 6. K 7. D 8. G

B. ein Instrument spielen; lesen; malen; ins Theater gehen; töpfern; Sport machen

C. Susanne: 1, 3, 5, 7, 8 Stefan: 4, 6 Dirk: 2

E. 1. d 2. a 3. c 4. b

F. 1. a 2. b 3. a 4. b 5. a 6. b

G. 1. Malen 2. Schöne 3. Freude 4. Computer 5. Prüfung 6. Sprachen 7. Menschen

H. *Answers will vary.*

Vokabeln

B. 1. a 2. c 3. b 4. b

C. 1. Freizeit 2. Gartenarbeit 3. Hobby 4. verbringe 5. hauptsächlich 6. preisgünstig 7. belegen

D. *Answers may vary slightly.* 1. Freizeit kann Anregung oder Erholung sein. 2. Viele Berliner verbringen die Feiertage in ihrem Kleingarten. 3. Herr Maier ist in seiner Firma unersetzlich. 4. Margot und Erika gehen gerne in der Stadt bummeln. 5. Einen Garten muss man auch pflegen.

Strukturen

A. Gabriela: kann ausschlafen, will faulenzen, darf ins Theater gehen; Kurt: muss aufräumen, muss für eine große Prüfung lernen, kann vielleicht Freunde besuchen; Margit: möchte einen Film sehen, soll den Eltern beim Hausputz helfen, muss auf einen Hund aufpassen, will die Seminararbeit fertig schreiben

D. 1. wollten 2. musste 3. konnte 4. wollten 5. konnten 6. mussten 7. wollte 8. wollten 9. konnten 10. sollten

F. *Answers will vary.*

G. 1. Er konnte die ganze Nacht nicht schlafen. 2. Ich musste Hausaufgaben machen. 3. Wir wollten ein Lagerfeuer machen und grillen. 4. Sie durften nicht so lange ausbleiben. 5. Er konnte sie nicht finden.

J. Links an der Wand ist ein Waschbecken. <u>Darüber</u> hängt ein Spiegel. <u>Daneben</u> hängt ein Handtuch. An der Wand steht ein Bett. <u>Darunter</u> liegt ein Teppich. <u>Darauf</u> stehen Beates Schuhe. <u>Neben</u> dem Bett ist ein Fenster, und darunter steht ein Bücherregal. <u>Darin</u> sind viele Bücher. <u>Darauf</u> steht eine Zimmerpflanze. Rechts steht noch ein Schreibtisch. <u>Davor</u> steht ein Stuhl.

K. 1. Womit beschäftigen sich viele Professoren? 2. Worüber diskutieren die Studenten in der Mensa? 3. Woran muss man während des Studiums teilnehmen? 4. Worauf freuen sich die meisten Studenten?

Perspektiven

A. 1. vierbeinigen 2. Problem 3. lassen 4. Wohnung 5. irgendwo 6. Fragen 7. Zeit 8. schon 9. Wiederhören

C. *Answers will vary.*

D. *Answers will vary.*

E. *Answers will vary.*

F. *Answers will vary.*

G. *Answers will vary.*

KAPITEL 32: FERIEN UND URLAUB

Videothek

A. 1. d, f, g, i 2. b 3. a 4. e 5. h, c

B. Anett: 3, 8   Gürkan: 1, 4   Susanne: 2, 5, 7   Grace: 6, 9

C. Erika: 1, 3   Daniela: 2   Stefan: 4

E. 1. a 2. c 3. b 4. d

F. 1. b 2. a 3. b 4. b, d 5. c 6. b

G. Schritt 1: Dirk: 3, 5   Daniela: 2, 3, 4, 6

Vokabeln

B. Schritt 1: 1. b 2. b 3. a

C. 1. Nervenkitzel, Entspannung 2. Vorbereitungen 3. Schiffsreise 4. Ferienlager, aufpassen 5. Reiselust

D. *Answers may vary slightly.* 1. Bei der Wanderung durch den Canyon mussten wir über Bäche springen. 2. Elke liebt in ihrem Urlaub den Nervenkitzel der Extremsportarten. 3. Viele Leute können sich die Ausrüstung für Extremsportarten nicht leisten. 4. Unsere Schiffsreise in die Karibik war herrlich. 5. Manche Leute suchen Nervenkitzel und Gefahr im Urlaub.

E. 7, 8, 1, 9, 5, 3, 6, 4, 2

F. *Answers will vary.*

Strukturen

A. 1. nein 2. ja 3. ja 4. nein 5. ja

D. 1. habe 2. gehalten 3. habe 4. gegessen 5. getrunken 6. habe 7. gespielt 8. bin 9. gegangen 10. bin 11. gelaufen 12. habe 13. genommen 14. bin 15. gegangen 16. ist 17. gewesen

F. 1. bin 2. gewesen 3. bin 4. gegangen 5. hast 6. gesehen 7. habe 8. gegessen 9. habe 10. angerufen

G. 1. gelebt 2. gegangen 3. studiert 4. interessiert 5. gezogen 6. geschrieben 7. entwickelt 8. gesucht

J. *Answers may vary slightly.* 1. Damals haben die Menschen mehr arbeiten wollen. 2. Vor dreißig Jahren hat man viel leichter Arbeit finden können. 3. Früher haben die Kinder auf der Straße spielen dürfen. 4. Damals haben die Familien zusammenhalten müssen. 5. In der guten alten Zeit habe ich mich stundenlang in der Sonne bräunen können. 6. Früher haben die jungen Leute ihre Freizeit nicht mit Extremsportarten verbringen dürfen.

K. Wir haben jeden Morgen um fünf Uhr aufstehen sollen. Ich habe jeden Morgen zwei Stunden durch den tiefen Schnee in die Schule gehen müssen. Nachmittags habe ich nie mit meinen Freundinnen spielen dürfen, sondern habe Hausaufgaben machen müssen. Am Wochenende habe ich immer ausschlafen wollen, aber dann habe ich meinen Eltern bei der Arbeit helfen müssen. Meine Eltern haben immer gesagt, dass sie nur das Beste für mich haben wollen. Ich habe sie nicht verstehen können.

Perspektiven

A. 1. Entspannung 2. Badeaufenthalt 3. Anlage 4. geöffnet 5. Vordergrund 6. Teilnehmer 7. verbindet 8. Reisegruppen 9. Reisen 10. Verpflegung 11. Platz 12. Themen

C. *Answers will vary.*

D. *Answers will vary.*

E. *Answers will vary.*

F. *Answers will vary.*

KAPITEL 33: GESUNDHEIT UND KRANKHEIT

Videothek

A. 1. a 2. b 3. b 4. c 5. a 6. c

C. Claudia: 1, 4, 7   Gürkan: 6   Anett: 3, 7   Tobias: 2   Stefan: 5

D. Dirk: 1   Daniela: 2, 4, 5, 7   Erika: 3, 6

E. Obst (Früchte): Dirk +, Grace +, Stefan +, Anett +; Gemüse: Dirk +, Grace +, Anett +; Vitamine: Dirk +; Fett: Grace −; Salate: Stefan +; Brot: Stefan +, Anett +; Fleisch: Anett −

F. *Answers will vary.*

G. a. 1 b. 6 c. 3 d. 2 e. 4 f. 5

Vokabeln

B. 1. nein 2. ja 3. nein 4. ja 5. nein

D. 1. Spielbank 2. Das Ergebnis 3. Atmen 4. Die Krankenkasse 5. Heilmittel 6. Vorsorge

E. 1. Fieber 2. Wartezimmer 3. Rezept 4. Medikament 5. regelmäßig 6. gesund

Strukturen

A. Hajo: lesen   Kerstin: Musik hören   Herr Dragow: in die Spielbank gehen   Doris: malen   Arndt: sich einfach entspannen   Frau Ehlich: reisen

B. 1. mich 2. sich 3. sich 4. mir 5. sich 6. uns 7. euch 8. euch 9. sich 10. mir 11. sich 12. sich

F. *Answers will vary. Possible answers include:* Sie ist von der Arbeit nach Hause gekommen. Sie hat sich ausgezogen. Sie hat sich geduscht. Sie hat sich abgetrocknet. Sie hat sich die Zähne geputzt. Sie hat sich in den Finger geschnitten. Sie hat sich gefönt. Sie hat sich eingecremt. Sie hat sich geschminkt. Sie hat sich angezogen.

G. *Answers will vary.*

J. 1. Das Hotel hat neben dem Tegernsee gelegen. 2. Hinter dem Tegernsee haben sie die Alpen gesehen. 3. Auf den Alpen hat noch Schnee gelegen. 4. Herr Stahl hat sich jeden Tag vormittags ins Bett gelegt. 5. Frau Stahl hat die Kleider in den Kleiderschrank gehängt.

K. 1. Die Frau sitzt neben dem Mann auf dem Sofa. 2. Der Tisch steht neben dem Sofa. 3. Die Tasse steht auf dem Tisch. 4. Der Hund liegt vor dem Tisch. 5. Die Lampe hängt über dem Tisch. 6. Der Fernseher steht mitten im Zimmer.

Perspektiven

A. 1. Ferienregion 2. Kurort 3. Klima 4. Luft 5. praktizieren 6. Ortslage 7. Argumente 8. sonnigen

C. 1. Ernährung: E, 3   2. Lebensrhythmus: D, 5   3. Wasser: C, 1   4. Heilpflanzen B, 4   5. Bewegung: A, 2

D. 1. B 2. L 3. W 4. W 5. E 6. H 7. L 8. B

E. *Answers will vary.*

WIEDERHOLUNG 11

Videothek

B. 1. Malkurs 2. Freizeit 3. Leiterin 4. Gestaltung

C. 1. e 2. b 3. a 4. d 5. c

Vokabeln

A. 1. Gartenarbeit 2. Kleingarten 3. zelten 4. Lagerfeuer 5. grillen 6. verbringt 7. langweilt, sich 8. im Freien

B. 1. c 2. e 3. a 4. f 5. b 6. d

C. 1. b 2. b 3. c 4. b 5. b

Strukturen

A. 800: 5; 1517: 4; 1618: 6; 1791: 2; 1832: 3; 1912: 1; 1919: 8; 1927: 7

B. [left to right, top to bottom:] 4, 6, 5, 8, 1, 7, 3, 9, 2

D. 1. sollte 2. durfte 3. wollten 4. wollten 5. konnte 6. musste 7. konnte 8. mussten 9. musste

E. *Answers will vary.*

KAPITEL 34: MULTI-KULTI?

Videothek

A. 1. Samstags, Putztag 2. lebe, Deutschland 3. Sauberkeit, Pünktlichkeit 4. Schrebergarten

B. 1. c 2. a 3. d 4. b 5. e

C. *Answers may vary slightly in form.* 1. Ergün musste zehn Minuten warten. 2. Ergün ist böse, weil er warten musste. 3. Er sagt, dass der Bus Verspätung hatte. 4. Er muss früher losgehen. 5. Er achtet so sehr auf Pünktlichkeit.

D. 1. Der Döner ist türkisch oder kurdisch. 2. Pad Thai ist thailändisch. 3. Sauerkraut und Schweinebraten sind deutsch. 4. Moussaka ist griechisch. 5. Pizza ist italienisch. 6. Tabouli ist arabisch.

E. *Answers will vary.*

F. 1. c 2. a 3. b 4. a

G. *Answers may vary slightly in form.* 1. Die Schule wird international. Man hört viele Sprachen. Man kann internationales Essen essen. 2. Sie kommen aus der Türkei, aus Griechenland, Frankreich und Belgien. 3. Es gibt viele Theateraufführungen oder musikalische Aufführungen. 4. Nein, es gab gar nicht so viele ausländische Restaurants. 5. Sie nehmen Arbeiten an, die österreichische Arbeiter nicht annehmen würden.

H. 1. e 2. d 3. a 4. c 5. f 6. b

Vokabeln

B. 1. ja 2. nein 3. nein 4. nein 5. ja

D. 1. nein 2. nein 3. ja 4. nein 5. ja 6. ja

E. 1. Essgewohnheiten 2. Einwanderer 3. Asyl 4. Verachtung 5. Arbeitsplätze 6. beitragen

F. 1. a, b 2. a, c 3. a, b 4. a, c 5. a, b

Strukturen

A. 1. der 2. dem 3. denen 4. der 5. die 6. denen 7. die 8. der 9. die 10. dem

E. 1. Wiener Schnitzel ist ein Schnitzel, das aus Wien kommt. 2. Thüringer Rostbraten ist ein Braten, der aus Thüringen kommt. 3. Nürnberger Bratwürste sind eine Spezialität, die aus Nürnberg kommt. 4. Salzburger Mozartkugeln sind Schokoladenpralinen, die aus Salzburg kommen. 5. Badischer Spargel ist ein Gemüse, das aus Baden kommt.

F. 1. Martin spielt eine wertvolle Geige, die ihm sein Großvater geschenkt hat. 2. Jeden Tag fährt Martin zum Opernhaus, in dem das Orchester probt. 3. Der Dirigent, dessen Schwester im Orchester die erste Geige spielt, kommt aus der Tschechischen Republik. 4. Martin sitzt neben der Schwester des Dirigenten, mit der er auch ab und zu einen Kaffee trinken geht. 5. Dann sprechen sie über Sachen, für die sich beide interessieren. 6. Nächste Woche macht das Orchester eine Tournee durch Frankreich, auf die sich Martin schon lange freut.

G. 1. anstatt 2. zu 3. fahren 4. um 5. zu 6. hören 7. ohne 8. mitzunehmen 9. um 10. zu 11. holen 12. ohne 13. zu 14. achten 15. zu 16. essen

I. 1. Viele Schüler sprechen darüber, später zu studieren oder zu arbeiten. 2. Viele Schüler bechweren sich darüber, schwere Klausuren schreiben zu müssen. 3. Viele Schüler denken daran, sich nach der Schule zu entspannen.

J. 1. Nein, ihr braucht das Geschirr nicht zu spülen. *oder* Nein, ihr müsst das Geschirr nicht spülen. 2. Nein, du brauchst die Stühle nicht in die Ecke zu stellen. *oder* Nein, du musst die Stühle nicht in die Ecke stellen. 3. Nein, ich muss morgen nicht früh aufstehen. *oder* Nein, ich brauche morgen nicht früh aufzustehen.

Perspektiven

A. 1. vorstellen 2. zweiundzwanzig 3. Partneruni 4. Uni 5. zweisprachig 6. Kurse 7. Fremdsprache 8. Deutsch 9. Spanisch 10. Freizeit 11. Sportart 12. treffe 13. natürlich 14. zusammen 15. Aufenthalt

C. *Answers will vary.*

D. 1. c 2. f 3. d 4. a 5. e 6. b

E. *Answers will vary.*

KAPITEL 35: DER UMWELT ZULIEBE

Videothek

A. Professor: 2, 6, 8 Erika: 1, 3, 6 Iris: 4, 7, 9

B. 1. Ökowelle 2. Natur 3. Umwelt 4. verwendet 5. recyceln 6. bestehen

C. 1. c 2. a 3. e 4. b 5. d

D. 1. c 2. b 3. c 4. a 5. b.

E. 1. nein 2. nein 3. ja 4. ja 5. nein 6. ja 7. nein 8. nein

F. 1. c 2. d 3. a 4. f 5. b 6. e

G. *Answers will vary.*

Vokabeln

C. *Answers will vary.*

D. 1. Pfandflaschen 2. Einwegflaschen 3. Verkehrsmittel 4. Verpackungsmaterial 5. Einweggeschirr 6. Waldsterben 7. Gleichgewicht

E. 1. a 2. c 3. a

F. 1. Das Waldsterben hat das Umweltbewusstsein beeinflusst. 2. Die Verbraucher müssen mehr Rücksicht auf die Umwelt nehmen. 3. Pfandflaschen sollen wieder verwertet werden. 4. Öffentliche Verkehrsmittel helfen Energie zu sparen. 5. Organische Abfälle schädigen die Umwelt nicht.

Strukturen

A. 1. wurden (Imperfekt) geworfen 2. werden (Präsens) wieder verwertet 3. wird (Präsens) zurückgebracht 4. wird (Präsens) geworfen 5. werden (Präsens) recycelt 6. wurde (Imperfekt) gesammelt 7. werden (Präsens) reduziert 8. wurden (Imperfekt) entwickelt

B. 1. Nein. Bei Günters wird Verpackungsmaterial *vermieden*. 2. Ja. 3. Nein. Von den Günters wurde *eine energiesparende Waschmaschine* gekauft. 4. Nein. Bei Kroscizs wird nur mit *öffentlichen Verkehrsmitteln* gefahren. 5. Nein. Von der Familie werden nur *Pfandflaschen* verwendet. 6. Ja. 7. Nein. Vom Vermieter wurde im Garten *ein Komposthaufen* angelegt.

E. 1. Danach wurde er auf dem Balkon aufgehängt. 2. Dann wurden auch die Stühle auf den Balkon gestellt. 3. Der Boden wurde mit einem umweltfreundlichen Mittel geputzt. 4. Die Vorhänge wurden abgenommen und gereinigt. 5. Das Altpapier und das Altglas wurden zum Recycling gebracht. 6. Zuletzt wurde alles wieder aufgeräumt.

F. 1. ist, eingebrochen worden; sind, gestohlen worden; ist, gegeben worden 2. ist, gehört worden; ist, gerufen worden; ist, gefunden worden; ist, gebracht worden 3. ist, geholt worden; ist, gesehen worden; ist, gelöscht worden; angemacht worden ist; ist, bezahlt worden

G. 1. Müll darf nicht auf die Straße geworfen werden. 2. Glas und Flaschen müssen recycelt werden. 3. Plastikverpackungen sollen vermieden werden. 4. Autoabgase müssen reduziert werden. 5. Umweltfreundlichere Autos können gebaut werden.

J. SCHRITT 1: 1. Historische Häuser sollten renoviert werden. 2. Die Bürger konnten durch die Zeitung informiert werden. 3. Mit Bussen und Lastwagen durfte nicht mehr durch die Stadt gefahren werden. 4. Gärten und Parks mussten angelegt werden.

SCHRITT 2: 1. Ein Umweltzentrum soll gebaut werden. 2. Mehr Recyclingcontainer müssen gekauft werden. 3. Öffentliche Komposthaufen können geplant werden.

K. 1. werden 2. gebracht 3. werden 4. angeboten 5. wird 6. übernachtet 7. wird 8. serviert 9. wird 10. gekocht 11. wird 12. gemacht 13. werden 14. gespielt 15. werden 16. gefahren

Perspektiven

A. 1. Nationalpark 2. Wäldern 3. Grundlage 4. erzeugen 5. Ergebnis 6. Einblick

C. *Answers will vary.*

D. *Answers will vary.*

E. *Answers will vary.*

F. *Answers will vary.*

KAPITEL 36: FOKUS AUF KULTUR

Videothek

A. a. 1 b. 4 c. 7 d. 3 e. 6 f. 2 g. 5

B. 1. b 2. c 3. c 4. a 5. b

C. 1. des Theaters, intellektuell 2. fördern, Denken 3. Einblick, Bereiche 4. erlebt

D. 1. b 2. a 3. e 4. c 5. d

E. *Answers may vary slightly.* 1. Sie fliehen vor den Nazis. 2. Der erste deutsche Nachkriegsfilm wird 1946 gedreht. 3. Er wird in der zerstörten Stadt Berlin gedreht. 4. Sie werden in den siebziger Jahren wieder bekannt. 5. Rainer Werner Fassbinder dreht in dieser Zeit. 6. Die Romanverfilmung „Die Blechtrommel" erhält 1980 einen Oscar.

F. 1. Stefan 2. Daniela 3. Stefan 4. Daniela 5. Stefan 6. Daniela 7. Daniela 8. Stefan

G. 1. Autor, Anett 2. Autorin, Anja 3. Komponist, Anja 4. Komponist, Anja 5. Autor, Klaus 6. Autor, Klaus 7. Komponist, Grace 8. Komponist, Tobias

H. *Answers will vary.*

Vokabeln

B. 1. b 2. b 3. a 4. b

C. 1. Der Autor 2. verfilmt 3. Der Regisseur 4. Untertiteln 5. synchronisiert 6. Romanverfilmungen 7. Komödien 8. das Theater

D. 1. Der Regisseur dieses Films hatte keinen Humor. 2. Der Autor Max Frisch hat Stücke für das Theater und Romane geschrieben. 3. Kennen Sie die Regisseure deutscher Stummfilme? 4. Sergej Prokofieff hat seine Stücke für Erwachsene und Kinder komponiert. 5. Jedes Buch wird heute sofort verfilmt. 6. Auf dem Höhepunkt der Komödie fällt der Schauspieler von der Bühne. 7. Das Publikum war am Ende des Schauspiels in einer guten Stimmung.

E. *Answers will vary.*

Strukturen

A. a. 3 b. 2 c. 1 d. 4 e. 5 f. 7 g. 6 h. 8

B. 1. vergessen hatte 2. gegeben hatte 3. aufgestanden war 4. gegeben hatte 5. war weggefahren 6. hatte gedacht 7. hatte angefangen 8. hatte gehabt

D. 1. Bevor die Vorstellung begann, hatten die Schauspieler sich umgezogen. *oder* Nachdem die Schauspieler sich umgezogen hatten, begann die Vorstellung. 2. Bevor der Vorhang geöffnet wurde, hatten sich die Zuschauer auf ihre Plätze gesetzt. *oder* Nachdem die Zuschauer sich auf ihre Plätze gesetzt hatten, wurde der Vorhang geöffnet. 3. Bevor es eine Pause gab, hatte man den ersten Akt gespielt. *oder* Nachdem man den ersten Akt gespielt hatte, gab es eine Pause. 4. Bevor der zweite Akt begann, hatten die Zuschauer im Foyer Getränke kaufen können. *oder* Nachdem die Zuschauer im Foyer Getränke hatten kaufen können, begann der zweite Akt. 5. Bevor sich die Schauspieler verbeugten, war der Vorhang gefallen. *oder* Nachdem der Vorhang gefallen war, verbeugten sich die Schauspieler. 6. Bevor sie nach Hause gingen, hatten die Zuschauer lange applaudiert. *oder* Nachdem die Zuschauer lange applaudiert hatten, gingen sie nach Hause.

E. 1. gekommen war 2. hatten, gebaut 3. gewohnt hatte 4. war, gelangt 5. zurückgezogen hatten 6. hatten, niedergelassen

H. 1. Siggi Moosgruber spielte die Hauptrolle. 2. Man besetzte auch die Nebenrollen mit bekannten Schauspielern. *oder* Bekannte Schauspieler besetzten auch die Nebenrollen. 3. Mehr als zehn Millionen Menschen sahen den Film. 4. Man zeigte den Film wochenlang in allen Städten Deutschlands. 5. Trotz des großen Erfolges nominierte man den Film nicht für den „Oscar". 6. Man schrieb aber viele Zeitungsberichte über den Film.

I. 1. Das Haus von Martin Luther lässt sich besuchen. 2. An der Tür der Schlosskirche lassen sich Luthers 95 Thesen lesen. 3. In der Kirche St. Marien lassen sich berühmte Gemälde von Lucas Cranach besichtigen. 4. In den gemütlichen Restaurants der Stadt lässt sich gutes Essen bekommen. 5. An einem schönen Tag lassen sich wunderbare Spaziergänge durch die Stadt machen.

L. 1. Weil er ein Kochbuch kaufen wollte, ging er in die Stadt. 2. Im Supermarkt kaufte er alle nötigen Zutaten. 3. Mit dem Bus fuhr er danach wieder nach Hause. 4. Zu Hause hat er eine herrliche Schwarzwälder Kirschtorte gebacken. 5. Am nächsten Tag brachte er den Kuchen zu Thomas. 6. Obwohl sein Geburtstag erst ein Monat später war, freute sich Thomas sehr.

M. *Answers will vary.*

Perspektiven

A. 1. nein 2. nein 3. ja 4. ja 5. ja

B. *Answers will vary.*

C. *Answers may vary slightly in form.* Szene 1: WO: Omnibus in Friedrichshafen; WER: Junge; Alte Frau (Zauberin); WAS PASSIERT? Der Junge hilft der alten Frau, die Zauberin ist, und sie schenkt ihm zwei Zauberwörter.

Szene 2: WO: Berlin (Flugplatz Tempelhof); WER: Junge; Fahrgast; WAS PASSIERT? Der Junge hat gewünscht, dass der Omnibus nach Berlin fliegt. Ein Fahrgast hat sich beschwert, weil er seinen Zug verpasst hat.

Szene 3: WO: zu Hause im Wohnzimmer; WER: Junge, Mutter, Vater; WAS PASSIERT? Die Eltern sagen dem Jungen ständig, was er zu tun hat, und lassen ihn nicht reden, bis er die Zauberwörter vergisst.

Szene 4: WO: zu Hause; WER: Junge; WAS PASSIERT? Der Junge probiert weiter, allein, aber er findet die Zauberwörter nicht mehr.

D. *Answers will vary.*

WIEDERHOLUNG 12

Videothek

A. 1. negativ 2. negativ 3. positiv 4. positiv 5. positiv 6. negativ 7. negativ

B. 1. c 2. e 3. a 4. d 5. b

C. *Answers will vary.*

Vokabeln

A. 1. Plastikbecher, Einwegflaschen 2. Einweggeschirr 3. recyceln 4. Umweltbewusstsein, extrem 5. öffentliche Verkehrsmittel 6. Waldsterben 7. setze, Umweltschutz, um

B. *Answers may vary. Possible answers:* 1. Günter Grass' Roman „Die Blechtrommel" wurde von Volker Schlöndorff verfilmt. 2. Marlene Dietrich war eine deutsche Schauspielerin. Sie hat viele berühmte Filme gemacht, wie zum Beispiel „Der blaue Engel". 3. Billy Wilder war ein österreichischer Regisseur und Drehbuchautor. Während der Nazizeit ist er nach Amerika geflohen. 4. Günter Grass ist ein deutscher Schriftsteller. 1999 erhielt er den Nobelpreis. 5. Wim Wenders ist ein deutscher Regisseur. Sein wohl berühmtester Film ist „Himmel über Berlin". Dieser Film wurde als „Stadt der Engel" mit Meg Ryan auf Englisch verfilmt.

C. *Answers will vary.*

Strukturen

A. 1. d 2. h 3. e 4. f 5. a 6. b 7. c 8. g

C. 1. Nach dem Krieg ist Deutschland von den Alliierten in vier Besatzungszonen geteilt worden. 2. Am 23. Mai 1949 wurde das Bonner Grundgesetz verkündet. 3. 1949 wurde auch die Deutsche Demokratische Republik gegründet. 4. 1989 wurde in Berlin, Dresden und Leipzig gegen das sozialistische System demonstriert. 5. Am 9. November 1989 wurde die Berliner Mauer geöffnet.

D. 1. beendet hatte 2. teilgenommen hatte 3. geworden war 4. hatte geholt 5. hatte gebeten 6. geschrieben hatte

E. *Answers will vary.*